"写给少年的中国历史"就像孩子的第一位"历史朋友"！在它的陪伴下，小小少年拓宽了视野，增长了见闻，开阔了心胸，也会萌生一个个志向和抱负！

写给少年的 中国历史

CHINESE ◼ HISTORY

三兄弟桃园结义 （三国·两晋·南北朝）

李翰文◎主编

沈晨◎编著

北方联合出版传媒（集团）股份有限公司

万卷出版公司

VOLUMES PUBLISHING COMPANY

故事的长廊，学习的乐园

今年六一儿童节，《人民日报》副刊让我写篇文章，谈谈少年儿童应该读什么书。我就写了一篇《从文学入门，以广博为由》，大意是说，为了吸引当代孩子读书，应该先从读文学作品开始，等培养起了孩子们读书的好习惯，再引导他们广泛涉猎。今天看了这一套"写给少年的中国历史"，深感编者与我的观点不谋而合。他把枯燥的历史，变成了生动的故事，以事件、人物为建材，构筑了一条绵延5000年的历史故事长廊，无疑，这里会成为小学生们学习历史的乐园。

谁不愿意听故事呢？在我们的童稚时代，不论是在月朗星稀的夏夜，还是火暖炕热的冬日，我们或坐在爷爷奶奶的膝头，或依偎在父母的怀里，缠着他们一个又一个地讲故事，那情那景是每个人终生难忘的温馨记忆。人同此情，事同此理，从这个意义上说，这套书真是做得很巧，它既忠实于纵向的历史脉络，又有人物和事件的生动讲述。理性的梳理与感性的表达，二者相得益彰，就像用历史的金线，穿起了一串串史实的花朵，这种点、线、面的有机统一，最有利于初涉历史的小学生来读。值得一提的是，编辑还有更贴心的关照，重点图说与考点提示结合，帮你把课内教学与课外阅读有机地联系起来，这样的书真是难得。

说起来，古今中外故事多如牛毛。当代儿童生活故事，让孩

子走出狭小的生活空间，走进更加广阔的生活场景中去，从别人的生活中反观自己的生活；从别人的喜怒哀乐中体味社会冷暖凉；从别人的成败得失中学会处理人情世故；从别人高尚伟大的精神中提升自己的情操。这一类图书，贴心如师长，亲切如伙伴，是成长中的少年儿童不可或缺的精神食粮。

那么中国历史呢？历史是我们的过去，先辈的足迹；是老一辈彻心彻骨、带血带泪留下来的经验和教训；是中华民族的筋脉骨血；是绵延不绝的永恒。而历史故事则是中华文学宝库中的奇葩，是文明、智慧与艺术的结晶，是几千年文化积淀滤出的精华，是经典中的经典。对于历史、历史故事，我们怎么能不去学习，不去了解呢？

祝所有拥有这套书的小读者，轻松学习历史，快速增长智慧。

徐德霞

《儿童文学》杂志主编

让孩子们爱上读历史

孩子们都喜欢听故事，作为家长的您有没有为孩子选择些启迪心灵、播种智慧的好故事呢。明智而目光长远的家长，懂得那些极具教育意义的历史故事，对指引孩子的成长具有十分重要的作用。那一个个生动形象的历史故事，就像一面面揭示好坏、善恶、智愚的镜子，指引着孩子们健康成长。

英国哲学家培根说过："读史使人明智。"中国的先贤也告诫我们："鉴古可以知今。"不要让我们的孩子成为"历史缺失"的一代，应该让他们多读些历史，使他们对生活的见解更深刻，并构筑出自己健康的世界观。

"写给少年的中国历史"丛书讲述了从远古时代到清朝灭亡，中国封建社会结束为止的经典历史百科故事。丛书共分为6册，按朝代先后顺序排列，每个朝代又分别从重大历史事件、重要历史人物和社会经济与文化方面分类讲述，是中华五千年灿烂历史的缩影。

这套丛书是孩子们了解历史的极佳工具。在中华浩浩五千年历史长河中，留下了许多蕴涵着深刻哲理和无穷智慧的真实故事，阅读这一个个内容丰富的故事，可以让孩子们体味到先祖们开天辟地的探索精神；借鉴到成就功业的历史人物的处事原则和优秀品质；学习到圣人贤哲们身上所具有的中华民族传统美德……审视古人的功过以开阔视野，正确地修正自身。

虽然历史故事的教育意义与价值无可质疑，但也许您还会有所忧虑：印象中的历史向来枯燥冗长，孩子会喜欢阅读吗？本丛书的故事内容和图文设计会解除您的顾虑。故事的行文语言通俗易懂而又妙趣横生，虽然都是古时候的人和事，但娓娓道来，就像是述说着人们身边的故事。道理的解析深入浅出，即使您不擅长历史也可以给孩子清楚明白地讲述这些"古时候的事儿"啦！同时，还配有与情节相呼应的几十幅插画，使故事情节立体呈现，增加阅读的乐趣，便于孩子的理解。

"写给少年的中国历史"这套丛书在中华书局历史丛书编辑室李肇翔主任和黄山书社总编辑赵国华老师的指导下编写而成，是孩子们了解历史的极佳工具。小学高年级的孩子，大可以自行阅读本书，稍小的孩子则可以亲子共读，一起增长历史知识。本书定会让您的孩子喜欢上历史故事，让孩子们在愉快阅读的同时，体会到博古通今的乐趣。

小朋友们知道三顾茅庐、闻鸡起舞、投鞭断流、草木皆兵等成语出自历史上哪个朝代的哪些典故吗？你们知道著名的官渡之战、赤壁之战和淝水之战是怎么回事吗？你又了解哪些关于曹操、诸葛亮、关羽、谢安、苻坚、王猛等历史名人的故事呢？这些问题的答案都可以在本册书中找到，快来阅读吧！

目 录

智力游戏：

补全它！

60

隔着长江对峙!

‖ 发 生 什 么 大 事 了? ‖

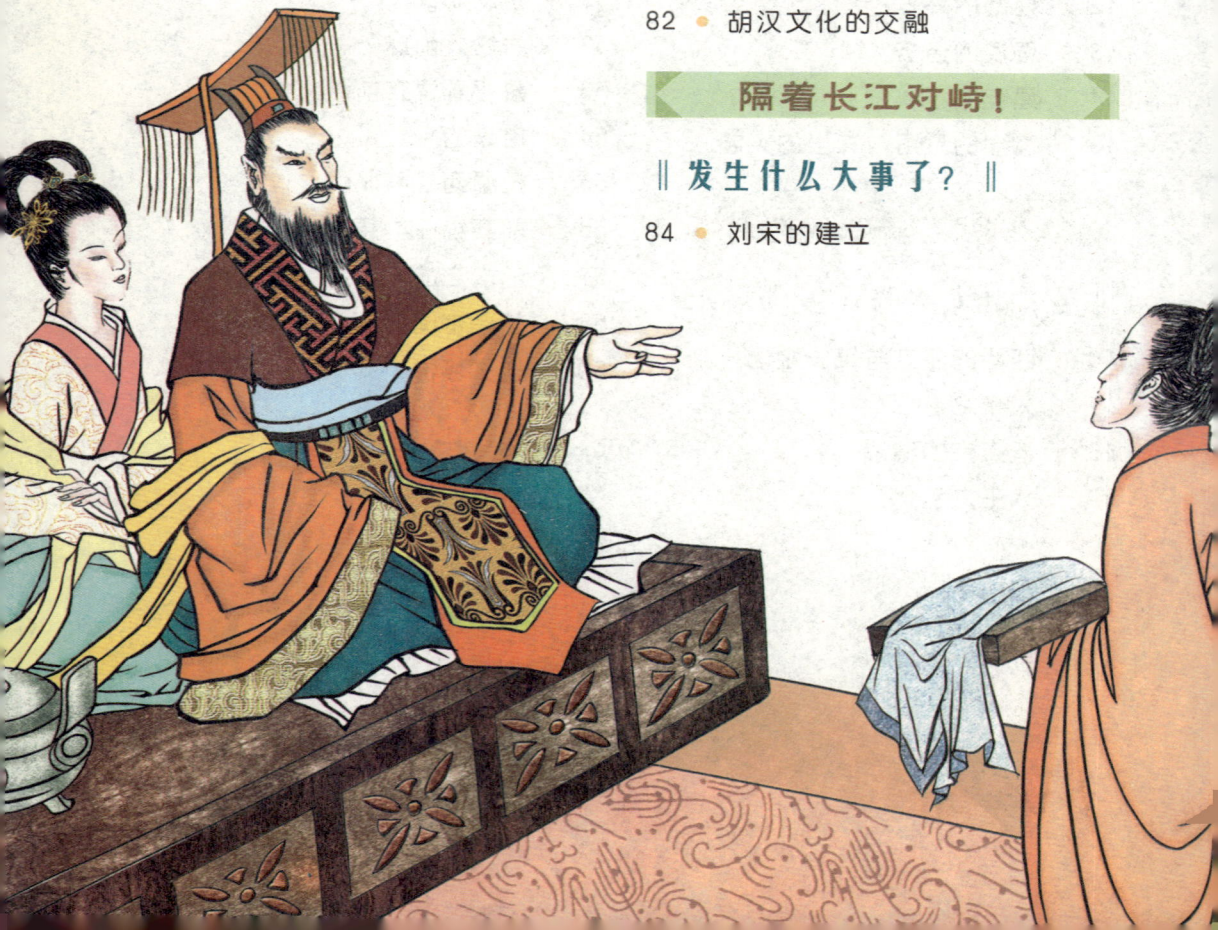

智力游戏：

开动脑筋，错误大纠察！ 96

各就各位！ 97

|| 你知道这些人吗？ ||

|| 那时的生活情境 ||

智力游戏：

找不同，开始啦！ 112

"三足鼎立"是哪三足？

《三国演义》的开篇语说："话说天下大势，分久必合，合久必分。"这句话有一定道理，但是这种观点并不科学，因为分裂中孕育着统一，而中国历史的发展趋势则是统一。东汉末年军阀混战，曹操等人通过努力实现了局部统一，最终形成魏、蜀、吴三国。

发生什么大事了？

东汉末年的军阀割据

东汉末年爆发了黄巾起义，在经历了外戚与宦官的交替专权、党锢之祸等一系列动乱之后，朝廷已经无法组织起强大的武装力量镇压起义了。与此同时，地方豪强为了保护自家庄园，将部曲家兵组织起来，并修筑了坞堡等防御工事，以此来抵抗黄巾军的侵扰。于是，朝廷决定下放权力，赋予负责地方监察的刺史以行政权，使之成为州一级的行政长官，又称州牧。后来，很多州、郡长官在战乱中发展壮大，形成了割据势力。

190年，各地武装力量联合讨伐董卓，结果因内讧而失败。在此之后，各地实力派纷纷割据一方，经过多年的混战和兼并，形成了几个比较强大的军阀，冀州的袁绍，兖、豫二州的曹操，徐州的陶谦，荆州的刘表，淮南的袁术，江东的孙策，益州的刘焉父子，凉州的马腾与韩遂都是很有实力的割据势力，刘备、张绣、吕布也具备较强的势力。

曹操挟天子以令诸侯

　　董卓死后，其部下李傕、郭汜为争权而展开混战。196年，15岁的汉献帝在一些大臣的护送下从长安逃到洛阳。当年董卓挟持皇帝迁都长安时已将洛阳摧毁，因此洛阳早就破败不堪了。在这种情况下，皇帝和文武百官的饮食起居都成了问题。

　　袁绍的谋士沮授听说这件事之后，劝袁绍把汉献帝接到自己的地盘，然后"挟天子以令诸侯"。袁绍认为，汉朝名存实亡，汉献帝已经没有什么价值，所以他没有采纳这个建议。

　　曹操也得知了这个消息，就跟众人商议，并采纳了毛玠"奉

天子以令不臣"的建议，于是将汉献帝从洛阳接到了自己的大本营许昌。

面对同一个问题，曹操和袁绍分别采取了不同的处理方法。曹操控制了汉献帝，取得了政治上的优势，可以名正言顺地讨伐各地的割据势力。

刘备的崛起

黄巾起义爆发后，刘备被任命为安喜县尉，不久由于得罪了朝廷派来的督邮而辞官。后来刘备又担任高唐县令，在黄巾军破城后投奔了公孙瓒。194年，徐州刺史陶谦死，刘备受托继任徐州刺史，并发展为当时一支重要的政治力量。196年，曹操表奏汉献帝，授予刘备镇东将军的官衔，还封他为宜城亭侯。在刘备抵抗袁术进攻期间，吕布趁机攻取了徐州。在吕布的军事压力之下，刘备投奔了曹操，并被任命为豫州刺史，因此当时人称之为刘豫州。198年，刘备随曹操灭吕布。

后来刘备以领兵讨伐袁术为由脱离曹操，并重新占据徐州。200年，刘备惨败在曹操手下，妻儿和部将关羽被俘，他只得投奔袁绍。曹操与袁绍在官渡对峙期间，关羽逃回刘备的阵营中。刘备趁机脱离袁绍，转而投奔荆州刺史刘表。

孙策占据江东

192年，孙坚受袁术之命征讨荆州刺史刘表时战死，他的部队由长子孙策接管。但孙策不受袁术的重用，所以产生了独立发展的想法。当时的扬州刺史为刘繇，而扬州境内的寿春郡则被袁术占据，袁术打算完全占有扬州，因

:: 孙策大战太史慈

孙策进攻扬州刺史刘繇，太史慈当时为刘繇部将。有一天，孙策遭遇太史慈，两人搏斗多时不分胜负，因此惺惺相惜。

此经常派兵进攻刘繇，双方僵持不下。

当时江南地广人稀，各路诸侯热衷于争夺北方霸权，于是孙策提出了帮助袁术平定江东的要求，并获得准许。195年，袁术奏请朝廷任命孙策为折冲校尉。孙策趁机招揽江东才俊，出身名门的周瑜前来投奔。在进攻曲阿时，孙策与刘繇部将太史慈遭遇，两人展开鏖战，不分胜负。后来太史慈做了俘虏，被孙策招降。

196年，孙策占领会稽，199年又收降了袁术的几万兵马，实力大增。此后的几年间，孙策通过东征西讨，占据了江东六郡，为东吴政权的建立奠定了基础。

许攸投奔曹操后，问道："您的军中还有多少粮草？"曹操说："足以支撑一年。"许攸说："不是吧？"曹操又说："还能支撑半年。"许攸生气地问："您不想打败袁绍吗？怎么不跟我说实话呢？"曹操笑着说："我开玩笑呢！其实粮食只够吃一个月了。怎么办呢？"许攸说："情况危急，只能速战，袁绍屯粮于乌巢，如果派人烧毁粮仓，三日内袁军必乱。"

官渡之战

官渡之战是曹操统一北方的关键性战役，他击败了袁绍，一跃成为中原地区的最强者。官渡之战前，袁绍占据了青、冀、幽、并四州，还有黄河以北的大片地区。曹操通过挟持汉献帝，取得了政治上的主动权，当时占据兖、豫、徐三州，在灭袁术后取得了淮南之地。虽然袁绍兵力强大，但是他生性多疑，又不善于决断，所以错过了很多可以一举消灭曹操的好机会。

200年，袁绍集结了10余万人的军队，打算南渡黄河，并派大军进围白马。曹操采取声东击西的策略，派兵解了白马之围，当时为曹操效力的关羽杀死了袁军主将颜良。此后，两军在官渡对峙。曹操兵力不足2万，而且粮草短缺，不宜久战。在这个关键时刻，与袁绍不合的谋士许攸投降曹操，并献计袭击袁军屯粮之地乌巢。曹操采纳了这个计策，率兵火烧乌巢，导致袁

军溃败。曹操乘胜追击，歼灭了袁军主力，袁绍仓皇逃回河北。曹操以少胜多，奠定了自己在中原地区的统治地位。

孙刘联盟

208年，曹操征讨荆州，刘琮不战而降，刘备得知消息后率部众南逃。曹操带领5000精锐骑兵南下追击刘备，在当阳将其击败。刘备在逃亡的途中与关羽、刘琦会合，聚集了兵士2万多人。由于难以抵挡曹操大军，刘备决定与孙权联合。孙权早有吞并荆州的意图，在听说刘表去世后，派鲁肃以吊唁的名义打探虚实。鲁肃得知荆州被曹操占领的消息后，来到当阳会见刘备，双方一拍即合。

鲁肃虽然主张与刘备联合抗曹，但是孙权却对此事持观望态度，因而犹豫不决。于是刘备派诸葛亮到

:: 唇亡齿寒

荆州刺史刘琮投降曹操后，刘备无处容身，只得率部投奔江东的孙权。诸葛亮出使东吴，舌战群儒，使孙权意识到自己与刘备唇齿相依，因此决定联合抗曹。

东吴游说，劝孙权与之联合。诸葛亮见到孙权后，陈述了战与和的利害关系，指出曹军不善水战的劣势，认为战胜曹操有很大胜算。与此同时，驻扎柴桑的周瑜也赶来劝说孙权抵抗曹操南下。孙权因此下定决心，孙刘联盟正式形成。

🔍 赤壁之战

赤壁古战场所在地众说纷纭，一般认为在今天的湖北省境内。

孙权与刘备结成抗曹联盟后，任命周瑜、程普为正、副都督，鲁肃为赞军校尉，与刘备合力迎战曹操。初冬时节，两军在赤壁隔江对峙。曹操在占领荆州后，收编了荆州的6万人，总兵力达到20万，孙刘联军只有不到5万的兵力。

曹操军中士兵水土不服，有很多人患上了传染病，这样士气低落。曹操为了减少战船在风浪中的颠簸，将船只用锁链连接起来，中间铺上了木板，因此连战马都可以在上面行走。

东吴将领黄盖向周瑜献诈降和火攻之计，于是黄盖调集十余只战船，装满易燃物，然后给曹操送降书。一天夜里，江面突然刮起东南风，黄盖将船上的柴草点燃，着火的战船像离弦的箭一样冲向曹军阵营。曹操正等着迎接前

知识加油站：铜雀台与赤壁之战

曹操灭袁绍后，修建了铜雀台，并再次招待文人雅士。曹植的《铜雀台赋》中有"连二桥于东西兮，若长空之蝃蝀"一句，描写了铜雀台的外观。东吴乔公有两个美丽的女儿，孙策娶大乔为妻，周瑜娶小乔为妻。在《三国演义》中，诸葛亮将《铜雀台赋》篡改为"揽二乔于东南兮，乐朝夕之与共"，说曹操想占有大乔、小乔，以此激周瑜抗曹。

　　曹操懂得相面之术，他觉得司马懿非人臣之相，又梦见三匹马同在一个食槽里吃东西，产生了不祥的预感，于是对司马懿产生了怀疑。后来马超起兵反曹，于是曹操又认为"马"指的是马腾、马超父子，就把进京的马腾杀死了。

　　来投降的黄盖，因此毫无准备，导致本方军队死伤惨重，刘备、周瑜率军水陆并进，追击溃退的曹军。

　　孙刘联军以少胜多，打败了号称"八十万"的曹军，奠定了三分天下的基础。

曹操平定关中

　　赤壁之战后，曹操一时无力南下，只得专心经营北方。当时凉州的马腾、韩遂和汉中的张鲁割据一方，对曹操统一天下构成了威胁。曹操听说刘备向四川地区发展，打算先平定关中，再进攻刘备。

　　马腾因为与韩遂产生矛盾而离开凉州，来到长安后被曹操杀死，其子马超接管了他的军队。

马超与韩遂合兵进攻潼关，曹操用计离间他二人的关系，最后出兵将他们打败。马超投奔了张鲁，韩遂于215年被部众杀死，曹操控制了凉州。

张鲁是五斗米道创始人张陵之孙，他在汉中地区建立了政教合一的政权。215年，曹操率大军进攻汉中，张鲁战败逃走，后来率众投降。于是，曹操平定了关中地区。

刘备占据益州

益州牧刘璋在赤壁之战期间曾出兵对曹操予以支持，后来又派属下张松拜谒曹操。由于张松没有受到礼遇，因

:: **足不出户，三分天下**

诸葛亮隐居南阳期间，对天下大势进行了分析，后来向刘备进献了立足荆州、占据巴蜀、联吴抗曹、匡扶汉室的计策。

知识加油站：**庞统直言进谏**

刘备攻打益州，战无不胜，因而在涪陵大宴宾客。庞统进谏说："攻打人家的国家，还在人家的地盘饮酒作乐，这不是仁者的做法。"刘备当时喝醉了，生气地说："武王伐纣，前歌后舞，难道他不是仁者吗？这种场合你不该说这种话，快给我出去！"庞统听了这些话，就辞官隐退了。刘备悔悟后，让庞统官复原职了，问道："那天的事是谁的过失呢？"庞统说："君臣都有过失。"刘备听了哈哈大笑。

而怀恨在心，于是回到益州后便劝说刘璋与刘备交好。211年，刘璋听从张松的建议，派法正联合刘备对付汉中的张鲁，当时刘备正有向四川地区发展的意图，因此就同意了。刘备留诸葛亮、关羽等人镇守荆州，自己率领几万步兵，与法正、庞统等人谋取益州。刘璋听说刘备入川，亲自到涪陵迎接。张松、法正、庞统劝刘备趁机杀死刘璋，刘备不想操之过急，因此没有采纳他们的建议。

212年，张松因暗中帮助刘备夺取益州之事败露而被杀，刘璋与刘备反目，并派兵阻挡刘备进军成都。刘备击败了刘璋的军队，并招降了很多将士，同时调遣诸葛亮、张飞、赵云入川。214年，刘璋投降，将益州牧的位置让给了刘备。

孙、刘对荆州的争夺

荆州下辖七个郡，分别为南阳、南郡、江夏、零陵、武陵、长沙、桂阳。赤壁之战后，除被曹操占据的南阳和南郡北部，以及被孙权占据的江夏和南郡南部之外，其余四个郡都被刘备相继攻占。刘备还以自己没有落脚之地为由，向孙权借走了南郡南部，说等到夺取了益州再归还。214年，刘备占据益州。第二年，孙权派诸葛瑾去索要荆州南部的几个郡，被刘备拒绝。与此同时，孙权派去接管零陵、长沙、桂阳三郡的官员也被关羽赶走了。孙权大怒，派吕蒙攻取了长沙、桂阳。刘备闻讯，立即率军攻占了公安，又派关羽去夺回长沙和桂阳。

孙、刘两方争夺荆州之时，曹操打败张鲁，攻取了汉中，对四川地区构成了威胁。于是刘备提出与孙权平分荆州、共同抗曹的建议。此后，关羽镇守荆州，与驻扎在益阳的鲁肃对峙，同时伺机攻取曹操控制下的襄阳、樊城。219年，孙权派吕蒙攻取了荆州，并杀死关羽。

曹操称魏王与曹丕篡汉

东汉末年流传着一句谶语，即"代汉者当涂高"，引起各路诸侯的关注。古时候"涂"与"途"相通，可以解释为路途。有人将"当涂高"解释为路边的高大建筑物，也就是宫门前的观楼，又称魏阙，所以取代汉朝的一定是魏朝。曹操十分相信这种说法，于是着手建立魏国。213年，曹操迫使汉献帝封自己为魏公，在河北的邺建立了魏国。216年，曹操晋爵为魏王。220年，孙权夺取荆州后，劝说曹操代汉称帝。曹操认为时机还不成熟，没有称帝，不久后病逝。

曹操死后，太子曹丕继任魏王、丞相，并逼迫汉献帝禅让。于是，曹丕称帝，定都洛阳，国号魏，又称曹魏。

曹丕称帝后，担心弟弟曹植与他争权，于是逼他七步成诗，否则重罚。曹植作诗道："煮豆持作羹，漉豉以为汁。萁在釜下燃，豆在釜中泣。本自同根生，相煎何太急？"曹丕听了，感到非常惭愧。

新课标考点点睛

　　220年，曹操之子曹丕废掉汉献帝，自称皇帝，国号魏，定都洛阳，东汉灭亡。

刘备称王与蜀汉的建立

　　曹操占领汉中后，刘备与孙权达成和解，集中兵力进攻汉中。218年，刘备进攻夏侯渊镇守的阳平关，然而久攻不下。第二年，刘备猛攻张郃，诱使夏侯渊前来救援，然后派黄忠从侧翼偷袭，将其杀死。此战过后，刘备攻取了汉中，不久后又击退了曹操的进攻。

这个时候，刘备自称汉中王，并派关羽进攻襄阳、樊城，对曹操连续施压。219年冬，关羽被吕蒙袭杀，荆州落入孙权之手。220年，曹操去世，其子曹丕篡汉，建立了魏朝。

于是刘备于221年在成都称帝，国号汉，以示为汉朝的延续，史称蜀汉。

孙权建立吴国与称帝

孙权占领荆州以后，与刘备的联盟关系破裂。为了获得更多的政治利益，孙权先是劝曹操称帝，又在曹丕篡汉后向其称臣。221年，孙权建都于武昌，把武昌、下雉、寻阳、阳新、柴桑、沙羡六个县合并为武昌郡。222年，孙权称王，建立吴国。此后，刘备、曹丕相继伐吴，但都被打败。

223年，蜀汉派邓芝出使东吴，恢复了孙刘联盟。在此之后，孙权致力于对抗曹魏。226年，曹丕死，孙权趁机夺取了江夏。228年，有人声称在东吴境内见到了黄龙

和凤凰。孙权认为，刘备、曹丕已死，再加上天降祥瑞，于是在229年称帝，改元黄龙。

🔍 蜀汉平定南中

　　刘备在夷陵之战中被打败后，蜀汉将领雍闿等人发动叛乱。诸葛亮希望稳定后方，多次写信劝雍闿回心转意，但都被拒绝。雍闿联合云南地区的少数民族首领孟获，煽动各部族的反蜀汉情绪，致使很多酋长率部加入叛军。

　　225年，后主刘禅派诸葛亮率军征南中。出征之时，送行的参军马谡提出了"攻心为上"的战略方针，被诸葛亮采纳。于是，诸葛亮采取了先消灭发动叛乱的雍闿等人，再讨伐参与叛乱的孟获。他派马忠攻打朱褒的叛军，在将其打败后与李恢会合。大军合力向南推进，相继打败了

∷ 七擒孟获

　　诸葛亮平定南中时，为了让当地少数民族首领孟获心服，对其七擒七纵。最后，孟获再也不好意思反对蜀汉了。

雍闿和高定。最后，诸葛亮对孟获七擒七纵，使其心悦诚服，南中得以平定。

诸葛亮北伐

平定南中的叛乱之后，诸葛亮开始着手准备北伐曹魏。228年，他采取声东击西的策略，让赵云设疑兵吸引曹真主力，自己则亲率大军攻祁山。然而马谡用兵失误，丢失了街亭，诸葛亮退往汉中。不久后，诸葛亮又围攻陈仓，因粮草用尽再次退回汉中。

229年，诸葛亮攻取了武都、阴平两郡，并击退了前来救援的魏军。230年，司马懿、张郃、曹真等人进攻汉中，后因天降大雨而撤退。231年，诸葛亮再次率大军攻祁山，当时曹真病重，司马懿坚守不出。

234年，诸葛亮驻扎在五丈原，于渭水之滨屯田，做持久战的准备，司马懿仍然坚守不出。几个月后，诸葛亮病逝于军中，蜀汉军队被迫撤退。

∷ 卫温浮海至夷洲

《三国志·吴书·吴主传》记载，230年，吴将卫温、诸葛直率船队抵达夷洲，即台湾岛。这是关于大陆与台湾往来的最早记载。

卫温抵达夷洲

东吴军队擅长水战，造船的技术水平也比较高，在向北扩张打不开局面的情况下，孙权决定向海上发展。当时民间传说徐福曾抵达夷洲和亶洲，于是孙权派卫温、诸葛直率万余人的船队到海上寻找这两处地方。

230年，卫温等人登陆夷洲，即今天的台湾岛。当时岛上原住民还处在原始氏族公社阶段，人们大多居住石头垒起来的房屋。卫温等人无法适应当地环境，士兵病死无数，于是他俘虏了原住民一两千人，乘船返回大陆。

卫温、诸葛直回来以后，孙权认为二人是无功而返，非常生气，并以"违诏无功"的罪名将他们处死。

司马氏专权

曹魏中后期，司马懿及其子司马师和司马昭先后掌权，曹氏皇族完全失去了对军政大权的控制。

魏明帝曹叡去世前，嘱托司马懿和曹真之子曹爽共同辅佐幼主曹芳。曹芳继位后，曹爽上书皇帝授予司马懿太傅之职，架空了他的权力。司马懿认为自己的处境非常危险，因此装病不上朝。曹爽多次派人打探虚实，司马懿乘机装病令曹爽以为他的时日不多了，于是放松了警惕。司马懿暗中谋划政变，伺机除掉曹爽。249年，曹爽护送曹芳到高平陵祭拜魏明帝。司马懿趁机发动政变，将曹爽及其亲信何晏、丁谧、毕轨等人族诛。自此，曹魏政权落入司马氏手中。

司马懿死后，司马师继续掌权，废黜曹芳，立曹髦。司马昭掌权后，杀死曹髦，立曹奂。

蜀汉的灭亡

蜀汉后期，侍中陈祗与宦官黄皓相互勾结，玩弄权术。姜维上书后主刘禅，请求除掉奸臣，但是不被采纳，刘禅还将此事告诉了黄皓。于是姜维不敢回朝议事，只能在外拥兵自保。当时朝政混乱，很多地方大族也对国事漠不关心。

262年，司马昭派邓艾、钟会、诸葛绪分三路大军伐蜀。蜀地道路崎岖，再加上蜀汉军队作战英勇，魏军的进攻步履维艰。263年，邓艾偷渡阴平，发起突然袭击，在绵竹打败了诸葛瞻等人。魏军兵临成都，刘禅出城投降，蜀汉灭亡。

姜维得知刘禅投降的消息后，假装归降钟会，并利用他与邓艾的矛盾，鼓动他叛变，希望借此机会恢复蜀汉政权。但是这次起兵没有得到响应，蜀地魏军发生兵变，将钟会、姜维等人杀死。

司马炎篡魏

司马昭灭蜀后，开始谋划代魏自立之事，他效法曹魏取天下的方法，先建立国中之国，然后封王，最后称帝。战国时期，魏国是从晋国分裂出来的，司马昭希望统一天下，所以选择了"晋"作为新的国号。263年，他逼迫曹

:: 乐不思蜀

蜀汉灭亡后，刘禅与文武百官被强行迁往洛阳，受封安乐公。有一次，司马昭宴请刘禅，并命人表演蜀地的歌舞，于是问刘禅是否思念故土。刘禅说："此间乐，不思蜀。"

魏皇帝封自己为晋公，后来又加封为晋王。然而司马昭的命运与曹操也有几分相似之处，那就是他终生没有实现称帝的心愿。

265年，司马昭死，其子司马炎继位为晋王，随即逼迫魏元帝曹奂禅让，建立了晋朝，史称西晋。司马炎认为，曹魏之所以失去政权，主要是因为宗室的力量过于薄弱，于是他分封皇族为诸侯王。280年，司马炎灭吴，统一全国结束了三国鼎立的局面。

第118、119页游戏答案：

图中共有5处不同，分别是：图右下方的一只手中的酒杯、右边桌子上的一只盘子、右边婢女的左耳环、左边桌子上的一只盘子、跳舞女子的飘带的颜色。

开动脑筋，"故"归原主

一些成语、典故往往都与历史人物有关，那么请你开动脑筋，补全下列各题，然后再写出与之相对应的历史人物，让这些成语、典故"故"归原主吧！

乐（ ）思（ ） ⟶

（ ）顾（ ）庐 ⟶

草（ ）（ ）箭 ⟶

（ ）木皆（ ） ⟶

七（ ）（ ）诗 ⟶

（ ）（ ）怪事 ⟶

（ ）筹（ ）沙 ⟶

过（ ）关（ ）六将 ⟶

（ ）（ ）当如孙仲谋 ⟶

谜语猜人名

　　请你猜猜看，这些有趣的小短句对应哪些历史人物的名字？

1. 凿壁偷光（打一三国人物）——
2. 爷爷打冲锋（打一南朝人物）——
3. 孔雀收屏（打一三国人物）——
4. 红墙（打一古代地名）——
5. 三八线两边（打一历史名词）——
6. 给爷爷出主意（打一三国人物）——
7. 没带走闹钟（打一东汉末人物）——

（两题答案在本书第95页）

你知道这些人吗？

🔍 曹操

曹操，字孟德，东汉末年的政治家、军事家、文学家。曹丕称帝后，追尊他为太祖武皇帝。曹操之父曹嵩是宦官曹腾的养子，所以有条件接受良好的教育。他在20岁时举孝廉而担任郎官，负责宫中宿卫。

184年，黄巾起义爆发，曹操在镇压起义的过程中扩充了自己的军事力量。189年，各路诸侯讨伐董卓，他也参与其中。192年，曹操占据兖州。196年，他迎接汉献帝

:: 挟天子以令诸侯

董卓死后，汉献帝从长安逃回洛阳，处境艰难。曹操采纳谋士毛玠的建议，迎汉献帝至许昌，挟天子以令诸侯。

到许昌，挟天子以令诸侯，后来陆续消灭了张绣、吕布等割据势力。200年，曹操在官渡之战中打败了袁绍，统一了中原地区。208年，曹操任丞相，随即率军南下，却在赤壁之战中被孙刘联军击败。此后，曹操先后攻取凉州、汉中，统一了中国北方。213年，曹操称魏公，后来又称王，建立了魏国，为曹氏取代汉朝奠定了基础。

曹操也是一位杰出的诗人，他的诗慷慨悲凉，《观沧海》、《短歌行》、《蒿里行》是他最为著名的诗篇。

吕布

吕布，字奉先，东汉末年的割据者。他最初为并州刺史丁原麾下将领，后来转投董卓。

189年，吕布随丁原来到洛阳。何进被宦官杀死后不久，董卓就来到洛阳，并暗中收买吕布杀死丁原。董卓掌权后，任命吕布为中郎将。后来吕布与董卓两人的关系产生裂痕。不久后，吕布在司徒王允的挑拨下，杀死董卓，因功被封为温侯。董卓死后，他的部下李傕、郭汜、张济等人相互攻伐，吕布逃出长安。离开京城后，吕布先后投靠了袁术、袁绍、张邈、刘备等人，与曹操多次交战。他在投靠刘备期间，居住在下邳，后来袭取了整个徐州。198年，曹操擒获吕布，在刘备的劝说下将其杀死。

袁绍

袁绍，字本初，东汉末年的割据者。他的家族汝南袁氏为当时的名门，自曾祖父起连续四代都有人官至三公。189年，何进与袁绍合谋诛灭宦官，结果事情败露，何进被宦官杀死。袁绍率兵冲进皇宫，将宦官全部杀死。董卓专权期间，袁绍逃往冀州。190年，各路诸侯联合讨伐董卓，以袁绍为盟主。董卓被杀后，各路诸侯开始相互攻伐，袁绍趁机夺取冀州，此后又攻取了青州、并州。199年，袁绍灭幽州的公孙瓒，成为当时最大的割据势力。

200年，袁绍不听沮授、田丰等人打持久战的建议，率10万大军与曹操决战于官渡，结果遭遇惨败。202年，袁绍病死，他的儿子袁谭、袁尚等人也被曹操一一消灭。

曹丕

曹丕，字子桓，曹魏的开国君主，谥号文帝。曹丕是

:: **斩颜良、诛文丑**

官渡之战前夕，袁绍攻许昌，又派颜良分兵围攻白马。曹操迅速率兵渡河营救，颜良仓促应战，被关羽杀死。袁绍又派文丑攻延津，也败在曹操手下。

曹操的次子，他的长兄曹昂在曹操征张绣时战死，因此他才成为曹操的继承人。

211年，曹丕任五官中郎将，在曹操称魏王后被立为世子。在此期间，曹丕与曹植争夺王位继承权，最终获得了曹操的信任。220年，曹操死，曹丕继位为魏王、丞相，不久后代汉自立，国号魏，定都洛阳。曹丕称帝后，加强了中央集权，设立了中书省，还规定妇人不得干政，外戚不得担当辅政大臣。他还创立了九品中正制，将选拔人才的权力从地方大族手中收归朝廷。他多次亲征东吴，但都无功而返。

曹丕喜好文学，他的《燕歌行》是早期七言诗的精品，他还是一位优秀的文学评论家。

曹植

曹植，字子建，曹操之子、曹丕之弟，三国时期的著名诗人。他从小就非常聪明，擅长于诗赋。曹操最初非常喜欢他，曾打算立他为世子。然而曹植处理政事的能力不如曹丕，而且行为放荡不羁，最终曹操还是立曹丕为世子了。

220年，曹丕称帝，对曹植很不放心，经常改变他的爵位、迁徙他的封地，还派人严密地监视他。226年，曹丕死，曹植继续遭受猜忌和排挤，最后被封为陈郡王。232年，曹植逝世，年仅40岁，谥号思，所以又称陈思王。

知识加油站：曹丕《燕歌行》

秋风萧瑟天气凉，草木摇落露为霜，群燕辞归雁南翔。念君客游思断肠，慊慊思归恋故乡，何为淹留寄他方？贱妾茕茕守空房，忧来思君不能忘，不觉泪下沾衣裳。援琴鸣弦发清商，短歌微吟不能长。明月皎皎照我床，星汉西流夜未央。牵牛织女遥相望，尔独何辜限河梁？

与父兄一样，曹植以文学见长，他的诗歌大多继承了汉乐府的风格，或抒发受迫害的压抑情怀，或反映当时社会的现实情况，其中《白马篇》最为著名。

刘备

刘备，字玄德，三国时期蜀汉的建立者，谥号昭烈帝。

刘备自称汉景帝之子中山靖王刘胜的后裔，其父曾担任过县令。他的家庭条件并不算富裕，一度靠卖草席、草鞋为生。

184年，黄巾起义爆发，刘备受商人资助，组织武装配合官军镇压起义。与曹操、袁绍、袁术、刘表等割据势力相比，他的条件并不优越，但他通过卓越的政治才能逐步发展壮大。从190年至208年，刘备先后投奔过公孙瓒、陶谦、曹操、袁绍、刘表。赤壁之战期间，刘备与孙权联合，打败了曹操，并在战后长期占据荆州。

214年，刘备占据巴蜀，219年自称汉中王。220年，曹丕篡汉称帝，刘备也于次年称帝，建立了蜀汉政权，定都成都。223年，刘备率大军伐吴，遭遇惨败，退回白帝城后不久病逝。

∷ 赵云大战长坂坡

　　曹操占领荆州后，追击刘备至当阳长坂，迫使其丢妻弃子而逃。赵云护送刘备的幼子阿斗，奋力死战，终于冲出重围。

🔍 刘禅

　　刘禅，字公嗣，小名阿斗，即蜀汉后主，他是蜀汉昭烈帝刘备的长子。

　　219年，刘备自称汉中王，立刘禅为太子。223年，刘备在白帝城病逝，临终前将刘禅托付给诸葛亮。刘禅继位后，封诸葛亮为武乡侯，在担任丞相的同时兼任益州牧，总理全国的军政事务。

　　234年，诸葛亮病逝，刘禅任命尚书令蒋琬为益州牧，负责处理行政事务，军务则由大将军姜维处理。诸葛亮生前把持军政大权，对皇权构成威胁，因此刘禅在其死后将行政权和军权分割。后来，刘禅终日享乐，不理朝政，任由宦官黄皓专权。

263年，邓艾兵临成都，刘禅投降，被司马昭封为安乐公。

诸葛亮

诸葛亮，字孔明，三国时期蜀汉政治家、军事家。他早年隐居南阳隆中，与当地名士司马徽等人经常往来。诸葛亮的妻子是荆州刺史刘表蔡夫人的外甥女，其兄诸葛瑾在东吴效力，所以他拥有比较丰富的政治资源。

刘备驻军新野时，经徐庶推荐，得知诸葛亮有治国之才，因此多次上门邀请。诸葛亮与刘备见面后，提出了以荆、益二州为根据地，联合孙权，对抗曹操，进而统一天下的建议。208年，诸葛亮说服孙权与刘备结盟，在赤壁之战中打败了曹操。

220年，曹丕篡汉，刘备在次年称帝，以诸葛亮为丞相。223年，刘备在白帝城托孤，诸葛亮受命辅佐刘禅。后来诸葛亮平定南中、北伐中原，为蜀汉政权立下了汗马功劳。234年，诸葛亮病逝于五丈原的军营中。

周瑜

周瑜，字公瑾，东吴名将。他出身江东豪族，与孙策年龄相仿，二人情同兄弟。孙策脱离袁术独立发展后，周瑜立即前来投奔，并帮助他平定江东。200年，孙策遇刺，临终前嘱托孙权说："内事不决问张昭，外事不决问周瑜。"孙权继位后，对周瑜十分信任。

208年，孙权为报杀父之仇，派周瑜攻打江夏太守黄

祖，并将其杀死。同
年，曹操南下，在占领了荆
州后，企图吞并江东。东吴群臣
议论纷纷，孙权也犹豫不决。刘备派诸
葛亮前来游说，劝说孙权联刘抗曹。这个时候，周瑜从军
中赶回，分析了敌我双方的情况，坚定了孙权与曹操交战
的决心。赤壁之战中，担任水军都督的周瑜以火攻战术打
败了曹操。

　　赤壁之战后，周瑜率兵与刘备争夺荆州各郡，在攻打
南郡时中箭受伤。210年，周瑜箭伤复发，英年早逝，年
仅36岁。

:: 火烧赤壁

　　赤壁之战中，周瑜发现曹操以锁链将战船连接起来，于是产生了火攻的想法。他派黄盖诈降，
趁机以装载燃料的快船冲击曹军水寨，顷刻间使敌军战船灰飞烟灭。

孙权

孙权，字仲谋，孙坚之子、孙策之弟，三国时期孙吴政权的建立者，谥号大皇帝。

200年，孙策遇刺身亡，18岁的孙权承袭了吴侯之位，继续统领江东。他重用张昭、周瑜、程普等人，后来又将鲁肃、诸葛瑾、甘宁等人才招揽到自己的身边。208年，曹操占领荆州，打算南下一举吞并江东。孙权与刘备联合，在赤壁之战中击败了曹操。

在吕蒙夺取了荆州之后，孙刘联盟破裂，孙权转而支持曹氏篡汉。在曹丕、刘备相继称帝后，孙权于222年称吴王，229年称帝。孙权在位期间，扫平境内的割据势力，征服了少数民族山越，大力发展生产，促进了江南的开发。孙权晚年，诸子争夺皇位继承权，后来他废掉太子孙和，杀死鲁王孙霸，改立第七子孙亮为太子。

陆逊

陆逊，字伯言，三国时期孙吴军事家。他出身江东豪族，是孙策的女婿，因此在东吴很受重用，在征讨山越的作战行动中展现了出色的军事指挥能力。

219年，吕蒙回家养病，陆逊暂时接替他的位置。关羽并没有把陆逊放在眼里，陆逊顺势采取骄兵之计，以非常谦卑的语气给关羽写信。关羽放松了警惕，于是率军北上，进攻被曹操占

∷ 陆逊火烧连营

刘备为夺取荆州，率军大举伐吴。陆逊避其锋芒，致使敌军士气日渐萎靡，然后利用对方营寨连成一片的特点，火烧连营，大破蜀汉军队。

据的襄阳和樊城。陆逊则随吕蒙乘虚而入，偷袭江陵，攻取了荆州。

吕蒙死后，陆逊接替他执掌兵权。221年，刘备率大军伐吴。陆逊在夷陵之战中火烧连营，将其打败，升任辅国将军，兼任荆州牧。此后的20多年间，陆逊多次率兵东征西讨，立下赫赫战功。孙权晚年，担心自己的继承人无法驾驭陆逊，因此逐渐将其冷落。244年，陆逊忧愤而死。他的儿子陆抗也是东吴名将。

🔍 司马懿

司马懿，字仲达，三国时期曹魏政治家、军事家。司马炎称帝后，追尊他为高祖宣皇帝。

司马懿出身大族，29岁时被曹操征辟为丞相府文学掾，后来担任主簿，相当于现在的秘书。曹操称魏王后，立曹丕为太子。司马懿此时担任太子中庶子，并受到曹丕的赏识。曹丕称帝后，司马懿受到重用。魏明帝曹叡刚继位的时候，司马懿与曹真、陈群等人共同辅政。227年，原蜀汉叛将孟达叛魏，司马懿率军平叛，斩杀了孟达。此后，司马懿常年率军抗击蜀汉北伐。238年，他又率军平定了辽东公孙渊的叛乱。239年，司马懿与曹爽受命辅佐幼主曹芳。

249年，司马懿发动高平陵之变，除掉了曹爽，独揽朝政大权，为司马氏夺取政权打下了坚实的基础。

🔍 司马昭

司马昭，字子上，司马懿之子、司马师之弟，三国时期曹魏大臣，晋朝的奠基者。司马炎称帝后，追尊他为太祖文皇帝。

司马昭曾随大将军曹爽伐蜀，在曹爽被杀后，他掌管了宫中卫队。后来，他曾多次率兵抵御姜维北伐。司马懿死后，长子司马师掌权，并废掉了皇帝曹芳。司马师死后，司马昭接替了他的位置。256年，诸葛诞反叛，司马昭率军平叛，将其杀死。

260年，皇帝曹髦不甘心被司马氏夺权，于是率领宫中侍卫进攻司马昭，结果被杀。于是，司马昭立曹奂为帝，是为魏元帝。263年，曹魏灭蜀，他受封晋公，后来又晋爵为晋王。265年，司马昭病死，其子司马炎继位。

🗝 第60、61页游戏答案：

应拼入图形从上到下依次是：d、h、f、c

那时的生活情境

曹操的屯田政策

　　屯田指的是中国古代统治者组织农民或戍边士兵开垦荒地的措施，官府通常以这种农业生产方式获取军粮或赋税。屯田主要分为军屯和民屯两大类，在部队驻地附近的屯田多为军屯。东汉末年天下大乱，人民流离失所，农业生产遭到极大破坏。各地方割据势力为了维持部队的日常饮食，经常采取屯田措施。而屯田作为一种制度，是由曹操建立的。

　　196年，曹操下令在许昌附近屯田，将荒地和无主的农田分给通过招募和掳掠来的劳动力。屯田制规定，民屯以50人为一个单位，不编入郡县户籍，所得收成官民各半，如果使用官府提供的耕牛，官府得收获的六成；军屯以60人为一个单位，士兵一边戍守，一边垦荒种地。通过推行屯田制，中原地区的经济得到了恢复，为曹操统一北方提供了物质基础。

江南的开发

魏晋时期，中原地区战乱频繁，长江以南地广人稀，

:: **以茶代酒**

　　茶产自南方，三国时尚未普及全国，在东吴则已经很受欢迎。东吴末帝孙皓很尊敬一个叫韦曜的大臣，韦曜不善饮酒，因此获准以茶代酒。

相对安定，所以有很多北方人举家南迁。北方人口向南迁徙的同时，带去了先进的生产技术和文化，促进了江南地区的开发。

据《史记》记载，秦汉时期的江南经济文化都远远落后于北方，当地土著居民尚处在原始氏族社会的发展阶段，还没有出现贫富分化的情况。直到东汉末年，江南的农业发展水平仍然十分落后，北方已经普及的牛耕技术，还没有传到南方。

孙策、孙权统治时期，招揽北方流民，大力发展生产，使江南人口有所增加，经济发展水平也有显著提高。后来，东吴统治者也开始发展屯田，以此为军队提供军粮，同时还能增加税收。江东水力资源丰富，统治者兴修水利，进一步促进了农业的发展。

蜀汉的经济

战国时期，蜀地就有天府之国的美称。东汉末年，刘焉父子长期占据巴蜀，并担任益州刺史一职，由于政策比较宽松，导致地方豪族势力膨胀，因此减少了官府的税收。

刘备入川后，抑制豪强，休养生息，鼓励农业生产。诸葛亮治蜀期间，设置了专门管理都江堰的官职，负责发展农田水利。为了维持军费开销，蜀汉也积极推行屯田。同时，诸葛亮还对盐、铁、纺织等手工业部门加强了管理，并设立了专职官员负责这项工作。

蜀地出产的蜀锦闻名遐迩，并大量销往全国各地，因此织锦就成了蜀汉的支柱产业。刘备死后，蜀汉政治、经济形势严峻，于是诸葛亮扩大了手工业的官营范围，以此提高蜀锦的产量，增加了国家的财政收入。

建安文学

196年，曹操迎接汉献帝至许昌，改元建安，这一年号一直持续到220年曹丕篡汉。建安文学的主要代表人物为曹操父子三人、建安七子和女诗人蔡琰。

曹操以乐府诗的形式写时事，开创了一种新的诗歌风格。《蒿里行》中的"白骨露于野，千里无鸡鸣。生民百遗一，念之断人肠"表达了他对国家衰乱、战祸不止的叹息；《短歌行》中的"周公吐哺，天下归心"反映了他的远大志向和政治野心。曹操的诗雄浑大气、慷慨悲凉，引领时代之风气。他的儿子曹丕、曹植在诗赋方面也有很深的造诣。

建安七子大部分为曹操的御用文人，在诗歌创作方面受曹操影响较深，然而也有自己独特的风格。王粲的《七哀诗》中的"路有饥妇人，抱子弃草间。顾闻号泣声，挥涕独不还"反映了社会现实，读起来感人至深。

知识加油站：建安女诗人蔡琰

蔡琰字昭姬，后来为避司马昭的讳改为文姬。她是东汉大臣蔡邕的女儿，在战乱时被匈奴人掳走，嫁给左贤王后生了两个儿子。曹操与蔡邕关系很好，听说好友的女儿身在匈奴，就把她接回中原。蔡琰不忍心离开自己的孩子，又希望回到家乡，内心非常矛盾。痛苦的经历使她创作出大量优秀的作品，《悲愤诗》、《胡笳十八拍》是她的代表作。

儒学的衰落与玄学的兴起

东汉建立后，天人感应的神秘主义儒学占据重要地位，很多人为了实现自己的政治目的而编造谶语，即暗示国家命运的预言。东汉末年，学习儒学逐渐发展为升官发财的捷径，很多学者也只重虚名。人们对这种不务实的学问越发不感兴趣，因此导致儒学逐渐衰落。

三国时期，中央集权受到严重削弱，对人们的思想控制也大为减轻，很多知识分子就以道家崇尚自然的思想来批判和改造儒家的纲常礼教。嵇康说："儒家经典不是天上的太阳，不学不一定就是漫漫长夜。"也有很多人认为礼教应该顺应人性，这就把儒家思想与道家思想融合在了一起。

当时很多学者推崇儒家的《周易》和道家的《老子》、《庄子》，由于这些书深奥难懂，因此称之为"三玄"。将儒、道相融合，探讨有和无之间关系的学问，就被称做玄学。何晏、王弼是三国时期最著名的玄学家。

:: "酒仙"刘伶

竹林七贤之一的刘伶蔑视礼法，率性不羁，时常纵酒狂欢，他的思想在很大程度上就是受道家影响。他嗜酒如命，曾撰写《酒德颂》，因此人称"酒仙"。

"八王之乱"与"淝水之战"

三分天下最终归晋，然而西晋统治者的昏庸无道使国家再次分裂。西晋末年，匈奴、鲜卑、羯、氐、羌等少数民族内迁，后来趁八王之乱起兵反晋，致使汉人大举南迁，史称"五胡乱华"。此后，中国北方和巴蜀地区相继出现了一系列割据政权，史称十六国，与南方的东晋隔江对峙。

发生什么大事了？

西晋的建立与统一全国

265年，被曹魏封为晋王的司马昭去世，其子司马炎继位。不久后，司马炎代魏称帝，是为晋武帝，建立了西晋。晋武帝称帝后，分别追谥司马懿、司马师和司马昭为宣帝、景帝和文帝，并大封同姓诸侯王，希望以此巩固司马氏的统治。

晋武帝称帝时，西晋已经是三分天下有其二了，于是征服东吴被提上日程。269年，他派羊祜驻军荆州，与东吴隔江对峙。东吴皇帝孙皓是孙权之孙，他统治残暴，喜欢以杀人取乐，因此国势日益衰弱。当时镇守江东的是陆逊之子陆抗，他虽然无力向北进攻，但是善于治军，所以晋军也很难向南进攻。272年，羊祜发起了一次试探性的进攻，但被陆抗击退。

274年，陆抗死，西晋认为伐吴的时机已经成熟。279年，晋武帝派王濬、王浑、杜预等人兵分六路，在长江上、中、下游发起全面进攻，次年攻克建业，统一全国。

太康之治

西晋初期，土地兼并严重，很多农民无地可种，只能投到大地主门下，导致豪族隐匿人口，使国家税收大幅减少。280年，晋武帝灭吴，改元太康。为了使国家的赋税和徭役有保证，朝廷颁布了占田制度，规定男子一人占田70亩，女子30亩。此后，官府又颁布了课田令，规定了农民缴纳田赋的比例。同时，这些制度又赋予官僚贵族一些

:: 王濬楼船破吴

　　西晋时期，王濬、王浑、杜预等人率兵南下，大破东吴水军。晋军的战船外观威武雄壮，具有多层阁楼，犹如水上的移动城堡，称楼船。

特权，一定程度上默许了他们隐匿人口的做法。

在颁行了占田制和课田令之后，农民依法占有了一定的土地，调动了农民的生产积极性，促进了荒地的开发。晋武帝还注重招抚流民，兴修水利，使社会经济迅速恢复。由于这一时期的年号为"太康"，因此史称"太康之治"。

然而这种繁荣局面并没有持续太长时间，晋武帝晚年追求奢华的生活，晋惠帝时期更是爆发了大规模的内战，导致国家再次陷入混乱。

晋惠帝的继位

晋武帝与皇后杨艳一共生了三个儿子，分别为司马轨、司马衷和司马柬，长子司马轨未成年就夭折了，于是次子司马衷就成了最年长的皇子。晋武帝认为司马衷资质愚钝，不足以继承大统。但是在杨皇后及其父杨骏的建议下，晋武帝于267年立司马衷为太子。

272年，司马衷娶贾充之女贾南风为太子妃。晋武帝对司马衷仍然很不放心，多次出题测试太子的能力。太子宫中侍从建议找人代笔，贾南风表示反对。她认为，皇帝知道太子愚钝，所以试卷不宜答得太好。在贾南风的帮助下，司马衷得以蒙混过关。司马衷有个儿子叫司马遹深得晋武帝的喜爱，他被立为太子也可能与这个儿子讨皇帝喜欢有关。

290年，晋武帝去世，司马衷继位，是为晋惠帝。

八王之乱

晋惠帝继位后，皇后贾南风为了与外戚杨氏争权，于291年勾结楚王司马玮、汝南王司马亮发动政变，杀死了太傅杨骏。 政变之后，司马亮掌权，贾南风先与司马玮合谋将其杀死，然后以滥杀无辜的罪名处死了司马玮。贾南风擅权的举动引起各地诸侯王的不满。300年，赵王司马伦攻入洛阳，杀死贾南风，次年废晋惠帝自立。

:: 何不食肉糜

晋惠帝迟钝愚蠢，而且长在深宫，不知民间疾苦。有一年闹饥荒，很多百姓因为没有粮食吃而饿死，晋惠帝却问官员："他们为什么不吃肉粥？"

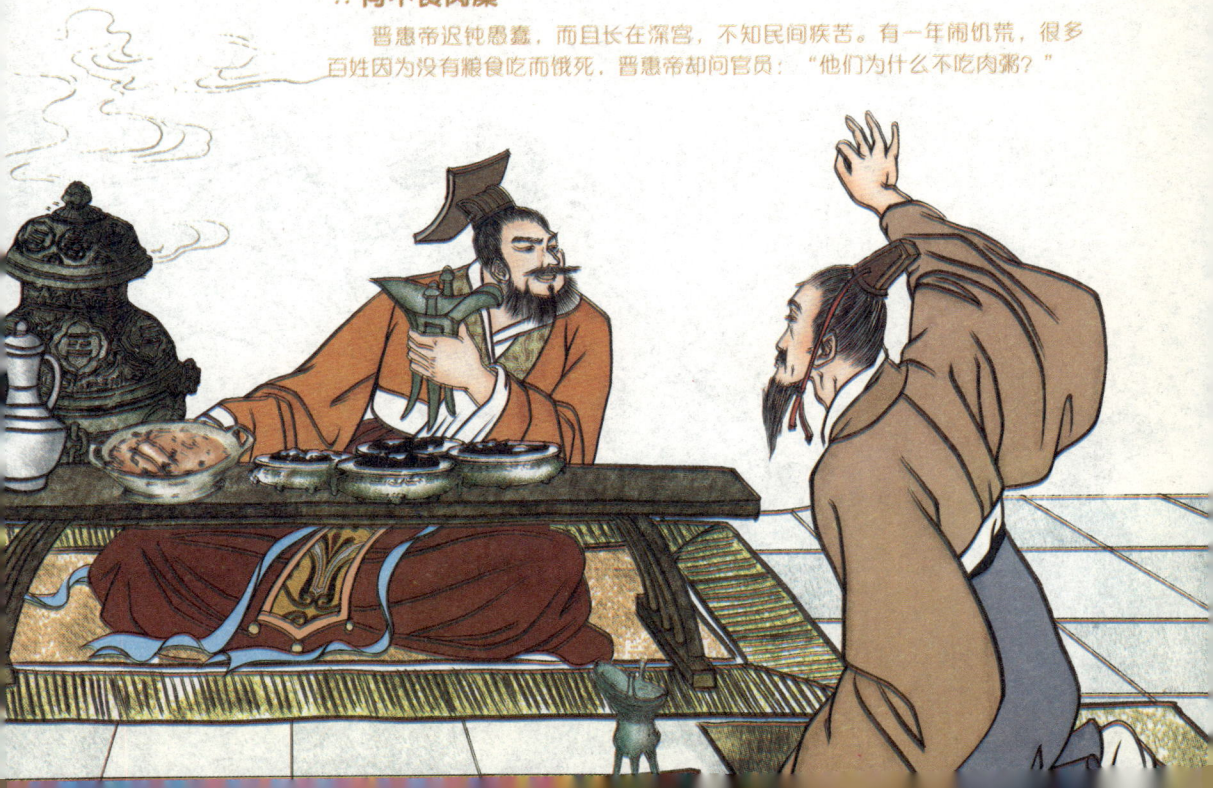

司马伦篡位后，齐王司马冏、成都王司马颖、河间王司马颙先后起兵前来讨伐。不久后，洛阳禁军将领王舆杀死司马伦，迎晋惠帝复位，并让司马冏进城辅政。302年，司马颙起兵讨伐司马冏。长沙王司马乂率兵入宫杀死司马冏，进而掌握朝政大权。303年，司马颖与司马颙联合起兵讨伐司马乂。304年，东海王司马越发动政变，杀死司马乂。此后，司马颖出任丞相，独揽大权。306年，司马越攻入洛阳，杀死司马颖、司马颙和晋惠帝，立司马炽为帝，是为晋怀帝。至此，八王之乱结束。

刘渊起兵反晋

八王之乱爆发后，匈奴首领刘渊趁机谋划复国大业。304年，他自称汉王，正式起兵反晋，随即大举进攻并州。306年，晋怀帝即位，东海王司马越掌权，任命刘琨

:: 刘渊纵酒长啸

晋武帝时，鲜卑人反叛，有人举荐刘渊率匈奴兵平叛，但是晋武帝担心刘渊势力壮大对晋朝不利。刘渊得知此事，纵酒长啸，慷慨悲歌，他的部众都难过得流下了眼泪。

为并州刺史。由于饥荒和战乱肆虐，并州大批民众在李恽的率领下组成了流民武装乞活军。此后，并州人口大量流失，刘琨只得转战至晋阳，即今天的山西太原。刘渊抓住良机，接连攻克蒲阪、平阳等地，迅速占据了河东地区。这时，在中原起义的汉人汲桑、王弥和羯人石勒等部纷纷归附刘渊，形成反晋的巨大浪潮。

308年，刘渊在平阳称帝，国号汉。

西晋灭亡

西晋统治者安于享乐，后来又为争权而自相残杀。在此期间，内迁的少数民族不堪压迫，纷纷起兵反晋。刘渊建立汉国后，集中兵力进攻西晋的都城洛阳。

310年，刘渊死，刘聪夺取了皇位，并持续对洛阳施压。311年，石勒在一场战役中消灭了10万晋军，王弥、刘曜在不久后攻入洛阳，俘虏了晋怀帝。匈奴兵入城后，大肆劫掠，并杀死3万多人。后来，晋武帝之孙司马邺在长安被立为帝，是为晋愍帝，由琅琊王司马睿和南阳王司马保辅政。

316年，刘曜攻破长安，俘虏了晋愍帝，西晋灭亡。

东晋的建立

刘渊起兵反晋后，琅琊王司马睿采纳了王导的建议，南下镇守建邺。307年，司马睿被任命为安东将军、都督扬州诸军事，正式南下，王导以安东将军司马的职务随行。

三国时期，南北长期隔绝，形成了不同的士族集团。王导出身北方士族琅琊王氏，东吴地区则有顾、陆、朱、张等名门望族。西晋灭吴的时候，南方士族备受轻视。然而此一时彼一时，为了确立在江东的统治，司马睿必须对当地名士以礼相待。

在王导、王敦的支持下，司马睿广泛结交江东士族，赢得了当地人的支持。316年，刘曜攻破长安，俘晋愍帝。317年，司马睿在建康称王，次年称帝，是为晋元帝。司马睿建立的晋朝地处东南，史称东晋。

祖逖北伐

西晋末年，祖逖率亲戚部曲南下避乱，被流民推举为首领，并向司马睿提出了北伐的请求。司马睿热衷于建立新朝廷，无心北伐，于是任命祖逖为奋威将军、豫州刺史，除少

:: 闻鸡起舞

祖逖与刘琨是好朋友，他们都希望为国家建功立业。有一天夜里，祖逖听到鸡叫，便唤醒刘琨习武。从此，他们二人闻鸡起舞，奋发图强。

许钱粮外，没有给他一兵一卒。

313年，祖逖率部曲数百人渡江，在江北招募了2000人，然后领兵北上。当时北方形成了很多割据势力，不少刺史、太守都是割据者自封的。祖逖意识到，只有先铲除这些割据势力，才能集中精力收复失地。他首先打败了占据豫州的张平和占据陈留的陈川，又招降了赵固、李矩等豪族武装。经过几年的奋战，祖逖收复了黄河以南的大片土地。

321年，东晋朝廷派戴渊节制祖逖的军队，同时坐镇荆、扬二州的王敦正在酝酿叛乱。祖逖感到无比寒心，不久即忧愤而死，他收复的土地很快就被石勒占领了。

后赵灭前赵

318年，靳准杀汉国皇帝刘粲，刘曜起兵攻打平阳。319年，靳明杀靳准，派人将传国玉玺交给刘曜，打算向他投降。石勒听说这件事后，非常生气，他也想得到玉玺，于是派兵进攻平阳，试图将玉玺抢到手。刘曜立即出兵，抢先得到了玉玺。前赵建立后，石勒自称赵王，在前赵的东方也建立了一个赵国，史称后赵。

328年，刘曜击败了来犯的石勒之侄石虎，于是放松了对后赵的警惕，当石勒率大军来袭时，他居然喝得大醉，在仓促应战中被活捉。石勒让刘曜写劝降书，在遭到拒绝后将其杀死。一年后，石勒攻克天水，杀死刘曜之子刘熙，前赵灭亡。

慕容皝建立前燕

慕容廆在位期间，放弃了与晋朝作对的政策。321

年，晋元帝授予慕容廆都督幽、平二州、东夷诸军事、车骑将军、平州牧的头衔，封辽东公。333年，慕容廆死，其子慕容皝继位，并于337年自称燕王，建立燕国，史称前燕。慕容皝继承了其父尊东晋为正朔的政策，同时不断扩张领地。

342年，慕容皝迁都龙城，即今天的辽宁朝阳。在此后的几年间，前燕相继打败了高句丽、鲜卑宇文部、夫余等部族，成为中国东北地区最强大的国家。

348年，慕容皝死，其子慕容儁继位，并于352年称帝，宣布脱离东晋。

冉魏的兴亡

后赵皇帝石虎残忍暴虐，他不断派兵东征西讨，所到之处尸横遍野，他还推行了一些压迫汉人的政策，致使中原地区民族矛盾非常尖锐。

349年，石虎病死，其子石遵继位，随即被石闵杀死。石闵本姓冉，是汉人，他的父亲被后赵俘虏后成了石虎的养子，因此改姓石。石闵杀石遵后改立石虎的另一个儿子石鉴，改国号为卫，随即尽杀死石鉴及石虎子孙。在此之后，石闵恢复冉姓，改国号为魏，史称冉魏。

∴ 慕容恪"连环马"败杀冉闵

慕容恪奉命攻打冉魏，他决定利用骑兵战术速战速决。冉闵有勇无谋，被对方团团围住，他的战马猝死，于是被擒杀。

350年，石虎之子石祗自立为帝，起兵讨伐冉闵，战败后被部下杀死，后赵灭亡。352年，冉闵消灭了后赵的残余势力，下杀胡令，于是引发胡、汉之间的民族仇杀。几个月后，前燕慕容儁打败冉闵，冉魏灭亡。

桓温西征与北伐

占据四川地区的成汉控制着长江上游，对地处长江下游的东晋威胁很大。东晋政权在江东立足后，打算先灭掉成汉，再图北伐中原。346年，桓温任安西大将军，率兵伐蜀，于次年灭成汉，平定巴蜀。至此，东晋统一了南方，与后赵隔秦岭淮河对峙。此后，桓温多次提出北伐的请求，朝廷都没有批准。

后来桓温掌握了军权，希望通过北伐树立威信。354年，桓温率军北伐，在击败前秦军队后进军长安。关中父老前来劳军，激动地说："没想到今天又见到官军了！"然而桓温没有趁势攻取长安，反而被前秦抢先收割了粮食，最后因粮草不足而被迫撤退。356年，桓温再次北伐，结果先胜后败，洛阳得而复失。369年，桓温第三次北伐，又因为断粮而撤退，在退兵的途中还遇到了前燕军队的伏击，最终大败而归。

前秦统一中原

349年，后赵皇帝石虎死，氐族首领苻洪脱离后赵，接受东晋官爵。350年，苻洪自称大都督、大将军、大单于、三秦王，他正想进军关中干一番事业，

:: 宣文君授经

符坚喜欢汉学，四处招揽懂得儒家经典的人，并聘为博士，让他们在太学讲经。他听说一个姓宋的老妇人精通《周礼》，就封她为宣文君，命其在家授课。

却被人毒死。他的儿子苻健接管了部众，率军攻入长安，随后占据了关陇地区。351年，苻健自称大秦天王，国号秦，史称前秦。苻健死后，其子苻生残暴，苻健之侄苻坚于357年杀苻生自立。

苻坚即位后，任用汉人王猛为丞相，大力发展农业生产，积极推行汉化政策，增强了国家的实力。在苻坚的治理下，前秦成为中原地区实力最强的政权，为统一北方奠定了基础。

370年，前秦灭前燕，371年灭仇池国，376年灭前凉、代国，383年平定西域。至此，前秦统一中原，与东晋隔江对峙。

淝水之战

淝水之战是东晋军队在淝水以少胜多，挫败前秦进攻的战争。

前秦苻坚在统一北方后，不断向南扩张。他意图统一天下，于是在383年，率领号称87万的大军南下讨伐东晋。东晋宰相谢安命谢玄等人率8万北府兵迎战。东晋军在洛河大破前秦军前哨梁成部。初战告捷的晋军士气高涨，开始进逼淝水。

晋兵到达淝水后，要求前秦军略微向后撤退，以便晋军渡水决战。苻坚打算在晋军渡一半河时攻打晋军，便同意撤退。东晋被俘的将领朱序趁机大喊"秦兵败了"。前秦兵信以为真，竞相逃跑。于是，谢玄等人率八千晋兵打败了前秦军，苻坚逃往淮北。

东晋淝水之战的胜利，稳固了东晋王朝的统治，但这场战争却使前秦元气大伤，苻坚本人也很快遭到了身死国灭的悲惨下场。

前秦帝国的瓦解

淝水之战后，前秦帝国迅速瓦解，之前被征服的各民族纷纷独立，中国北方再度陷入分裂。384年，羌族首领姚苌自称秦王，建立了后秦。在同一年，鲜卑人慕容垂恢复了燕国，史称后燕，其侄慕容泓则建立了西燕。385年，鲜卑人乞伏国仁建立了西秦。386年，被苻坚派往西域的吕光建立了后凉。同年，代国王族后裔拓跋珪建立了北魏。

385年，西燕慕容冲攻长安，苻坚留太子苻宏守城，自己率兵出逃，结果被姚苌擒获后缢死。后来，苻宏南下投奔东晋，长安被西燕占领。在此后的几年间，前秦的残余势力逐渐被消灭。394年，后秦姚兴杀死苻登，前秦灭亡。

:: 司马道子羞辱桓玄

会稽王司马道子狂妄无知，在一次宴会上喝多了，竟然问桓玄"当年桓温是不是想篡位"的问题。桓玄听到司马道子直呼自己父亲大名，而且提及了篡位之事，因此怀恨在心。

桓玄篡位

晋安帝时，司马道子控制着朝政大权。司马道子宠信王国宝等小人，政治非常腐败。导致397年兖州刺史王恭叛乱。东晋权臣桓温的儿子桓玄与殷仲堪、杨佺期起兵响应王恭。王恭失败后，司马道子害怕桓玄在荆州发展势力，便任他为广州刺史，桓玄没有去上任。之后，朝廷任命他为都督荆州四郡，而任殷仲堪为荆州刺史，想让桓玄吞掉殷仲堪。399年，桓玄乘机消灭了殷仲堪、杨佺期势力，平定了荆州和雍州。于是他要求东晋朝廷任命他为江州、荆州刺史，同时还要任命他的哥哥桓伟为雍州刺史，朝廷无奈答应了。至此，东晋三分土地他已掌握了二分，402年，司马道子的儿子司马元显对他发动进攻，他举兵东下，攻下建康，杀死了权臣司马元显，掌握了朝政。403年，桓玄代晋自立，国号楚，年号建始，后改称永始。

补全它！

下面是一张曲水流觞的图片，但是它被切掉了四块儿，你能从图下面的八块儿碎片中找到合适的补全这张图吗？

（答案在本书第40页）

a

h　　　　　　b

g　　　　　　c

f　　　　　　d

e

🔍 刘裕北伐

桓玄篡位后，统治腐败。时任刘牢之参军的刘裕于403年打败了桓玄，东晋复国，刘裕成了东晋的功臣，他也渐渐有了篡夺皇位的打算。

409年，鲜卑人建立的南燕侵扰东晋的淮北一带，正好给了刘裕一个机会。他迅速出兵北伐南燕，很快攻入了长安，活捉了南燕皇帝慕容超，南燕灭亡。但此时，他的心腹刘穆之在建康去世了，刘裕觉得在朝中失去了根基，顿时担心起自己的地位来，于是留下12岁的儿子刘义真镇守长安，自己回建康了。刘义真后来被夏国王赫连勃勃打败，被迫退回江南。

416年，刘裕再次北伐攻打羌族人建立的后秦。当时，后秦皇帝姚兴刚刚病死，太子姚泓继位不久，政权还不太稳固。刘裕很快收复了洛阳。417年，刘裕攻入了长安，姚泓兵败投降，后秦灭亡。

刘裕北伐扩大了自己的势力，为篡夺帝位奠定了政治、军事基础。

🔍 东晋的灭亡

北府兵将领刘裕不仅镇压了东晋国内农民起义军，还通过北伐提高了自己的威望，这更加速了东晋的灭亡。417年，刘裕因功受封为宋王，掌握了东晋朝政大权。418年，刘裕杀死了晋安帝司马德宗，本想自己称帝，但图谶所言"昌明之后有二帝"，图谶是巫师预示吉凶的预言，类似我们今天算命先生的话，"昌明"指晋孝武帝。预言说孝武帝之后还有两个皇帝。刘裕为了符合图谶所言，于是再立司马德文为皇帝，即晋恭帝，年号为元熙。但很快刘裕便自立为帝，420年，废黜晋恭帝，改国号为宋，史称"刘宋"，东晋至此正式灭亡。

你知道这些人吗？

晋武帝

晋武帝司马炎，字安世，司马昭长子，西晋开国之君。265年，司马昭病死，司马炎继位为晋王、丞相，同

:: 司马炎代魏

司马昭死后，其子司马炎继任晋王、丞相，然后又逼迫魏帝曹奂让位给他，取代曹魏建立了晋朝。

司马炎有一次问大臣刘毅："我可与汉朝的哪个皇帝相比？"刘毅却说他只能与桓帝相比。司马炎很不高兴，因为桓帝统治时期是东汉政局最混乱的时候。司马炎不甘心地问："我怎么会和他一样呢？"刘毅直言不讳地说："当年桓帝也卖官，但卖官的钱都归入了国库，陛下您现在卖官所得的钱却归为己有了。"司马炎听后有点惭愧，只好替自己找个台阶说："不过，在桓帝时却没有像你这样直言的大臣，这说明我还是比他好一些啊！"

年代魏称帝，建立晋朝。晋武帝即位后，封宗室为诸侯王，希望以此维系司马氏的统治。

晋武帝在位期间，采取了一系列鼓励经济生产的措施，责令地方官清查户口、劝课农桑，废除屯田制，将屯田民编入州郡的户籍。他统治前期，社会经济繁荣，政治比较清明，各级官员工作认真、执法严明。

280年，晋武帝灭吴，结束了东汉末年以来近百年的分裂局面。在此之后，他逐渐荒废政事，生活越发奢侈，导致社会矛盾日益尖锐。290年，晋武帝死，晋惠帝继位。

羊祜

羊祜，字叔子，西晋大臣。曹魏末年，他作为司马昭的心腹，多次参与军政机密。

269年，羊祜担任尚书左仆射、卫将军都督荆州诸军事，后来又被授予征南大将军、开府仪同三司的头衔。他镇守襄阳期间，一直都在寻找机会进攻孙吴，然而吴将陆抗治军有方，使其没有可乘之机。于是，羊祜就在荆州屯田，以此安抚民心，作长期打算。272年，吴将步阐叛吴降晋，羊祜派兵前去接应，却被陆抗击败。陆抗死后，羊

祜上书晋
武帝，建议着手准备统一大计。

278年，羊祜病逝，追赠太傅。他临终前带病到洛阳，向晋武帝进献伐吴之策，建议从四川地区出发，沿长江顺流而下，直捣建业，并推荐杜预做自己的接班人。两年后，西晋灭吴，晋武帝慨叹道："这都是羊太傅的功劳啊！"

周处

周处，字子隐，西晋大臣。他的父亲周鲂曾做过东吴的鄱阳太守，但是在他未成年时就去世了，因此他从小没

:: **周处除"三害"**

周处年少时为祸乡里，村民将长桥蛟龙和南山猛虎与周处并称"三害"。后来周处射虎、斩蛟，并改过自新，使乡里"三害"尽除。

人管教，经常胡作非为。

《晋书》记载，周处早年为祸乡里，与长桥下的蛟龙和南山上的猛虎并称"三害"。有一年村里粮食丰收，但是人们仍然面无喜色，周处从邻居处得知关于"三害"的事，决定去除掉蛟龙和猛虎。他先上山射杀猛虎，又在水中与蛟龙搏斗了三天三夜。村民以为周处与蛟龙同归于尽了，于是拍手称快。这时，周处斩杀了蛟龙，回到村里后才知道自己深为村民所厌恶，就决心悔改。从此他听从陆云的建议，发奋学习，一年后就被举荐为官。

吴亡后，周处入晋朝做官。由于他为人正直，因此受到很多权贵的忌恨。297年，氐人齐万年反叛，周处率军镇压。

299年，周处弓断矢尽，然而援兵不至，最后他战死沙场。

知识加油站：周处智斗王浑

吴被晋灭亡后，晋军大将王浑在建业官中开庆祝酒会，半醉时问底下的吴国大臣："你们的国家灭亡了，你们不难过吗？"周处站出来说："汉朝末年时，天下三国鼎立，魏国灭亡于前，吴国灭亡于后，该难过的岂只一人？"曾经是魏国大臣的王浑立即羞愧地低下了头。

李特

李特，字玄休，西晋时期四川地区的氐族领袖，十六国成汉建立者李雄之父。魏晋时期，大批少数民族迁徙至中原地区，李特与兄弟李庠、李流等人随流民来到巴蜀之地。

八王之乱期间，益州地方官产生了割据一方的想法，于是招募流民为自己所用。301年，李特兄弟在流民中威信很高，因而受到官府的猜忌，于是他在绵竹聚众起义。益州刺史罗尚率3万大军偷袭起义军大营，被李特击败。随后，李特率军攻克广汉。他军纪严明，沿途救济贫民，受到人们的支持。

303年，罗尚派使者向李特求和，却暗中勾结当地豪族围攻李特。李特猝不及防，在奋力抵抗后战败被杀。306年，李特之子李雄称帝，追尊李特为始祖景皇帝。

贾南风

贾南风，西晋大臣贾充之女，后来成为晋惠帝的皇后。

贾充是晋朝的开国功臣，曾帮助司马昭杀死魏帝曹髦，因此得以与司马氏联姻，将其女贾南风嫁给了晋武帝之子司马衷。贾南风残忍而狡猾，而且相貌丑陋，晋武帝

:: **贾南风饿死杨太后**

晋武帝的皇后杨艳死后，其妹杨芷被立为皇后，因此外戚杨氏继续保持政治优势。晋惠帝继位后，杨芷为太后。贾南风发动政变，囚禁杨太后，将其活活饿死。

曾想将她废掉，但是考虑到她的家族势力，就打消了这个念头。司马衷智商不高，不具备做皇帝的素质，但是他在贾南风的帮助下，骗取了晋武帝的信任，被立为太子。

290年，司马衷继位，是为晋惠帝，他将贾南风立为皇后。贾南风想要把持朝政，就勾结楚王司马玮，杀死外戚杨骏、汝南王司马亮、大臣卫瓘等人，引发八王之乱。300年，她被攻入京城的赵王司马伦杀死。

刘渊

刘渊，字元海，西晋末年的匈奴首领，十六国时期汉国的建立者，庙号高祖，谥号光文皇帝。由于匈奴曾与汉朝通婚，因此很多匈奴贵族冒姓刘。刘渊之父刘豹为匈奴左贤王，后被曹操任命为左部帅。刘渊年少时作为人质居留在洛阳，对汉文化非常熟悉。刘豹死后，他继任匈奴左部帅。

289年，刘渊被西晋朝廷任命为北部都尉，后来升任五部大都督，统领匈奴军队。八王之乱爆发后，他起兵反晋，自称大单于。304年，刘渊建国号为汉，自称汉王，以此来团结汉人。此后，他多次击败晋军，并在作战中扩充自己的势力。

308年，刘渊称帝，两年后去世。

石勒

石勒，字世龙，十六国时期后赵国的建立者，

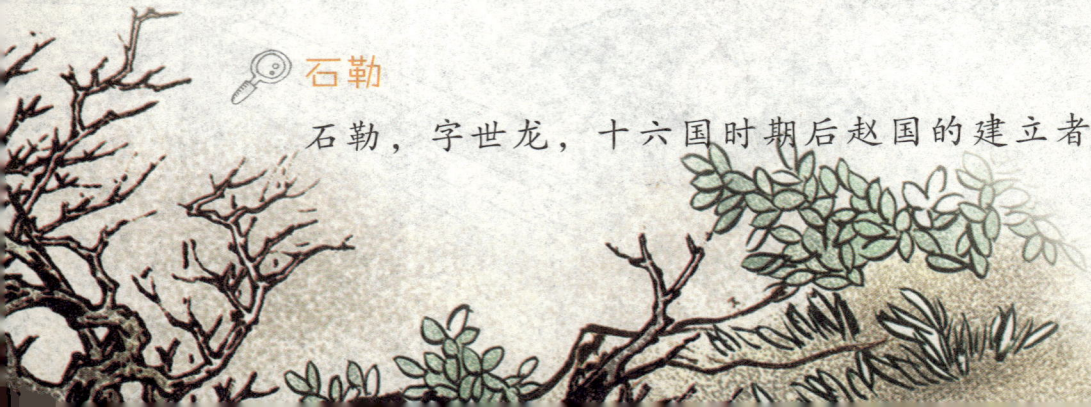

∷ 十八骑起家的石勒

西晋末年，牧民首领汲桑释放囚徒，自号大将军，聚众起兵反晋。石勒率领一小队被称为"十八骑"的骑兵追随汲桑一同作战，并以此起家，最终成为一国之主。

谥号明帝。

　　石勒奴仆出身，被主人赦免后，由于他擅长相马，结识了马牧帅汲桑。"石勒"这个名字就是汲桑为他取的。晋惠帝末年，石勒召集了十八个人组成了一支小骑兵队，号称"十八骑"。与汲桑一起投奔了起兵反晋的公师藩。公师藩败亡后，又投靠了汉主刘渊，不断征战四方，最终

知识加油站：鹿死谁手

石勒有一天问臣下，自己与历代皇帝相比怎么样。群臣都说他的谋略超过汉高祖，从三王五帝以来，没人能比得上他。石勒笑笑说："人怎么可以没有自知之明？你们说得太过分了。我如果遇到汉高祖，甘拜下风；如果遇到汉光武帝，还可与他在一块打猎，较量较量，不知道'鹿死谁手'？"后来，人们用"鹿死谁手"来比喻不知政权会落在谁的手里。

攻破洛阳。319年，石勒正式称赵王，建立后赵政权。

他是一位贤明的君主，重用汉人张宾，并采纳他的谋策，曾攻下将近半个北中国。333年，石勒去世，皇位传给了儿子石弘。

晋元帝

晋元帝司马睿，字景文，东晋开国皇帝。

司马睿于290年袭封琅琊王，曾参与讨伐成都王司马颖的战役。但由于作战失利，司马睿便离开了洛阳，回到封国；晋怀帝即位后，司马睿被封为安东将军、都督扬州诸军事，后来在王导的建议下前往建康，并且开始大力结交江东大族。311年，晋愍帝即位，封司马睿为丞

王与马，共天下

晋元帝司马睿在琅琊王氏的王导和王敦的帮助下，得到了江东豪族的支持，建立起东晋政权。王导和王敦权倾朝野，当时流传着"王与马，共天下"的说法。

相。晋愍帝被俘后，司马睿在晋朝贵族与江东大族的支持下于317年称晋王，318年称帝建立东晋，定都建康，改元太兴。

但东晋的政权主要由王导、王敦把持，时人曾流传说："王与马，共天下。"司马睿日益不满这种局面，企图排挤王氏政权。但王敦先发制人，于322年反叛，攻入建康，杀害了很多朝中重臣。同年，晋元帝便在王敦之乱中因忧郁过度而过世。

慕容皝

慕容皝，字元真，十六国时期前燕的开国君主，即文明皇帝，慕容部落的首领慕容廆的儿子。

321年，慕容皝被立为世子。他虽然是慕容廆的三儿子，但因他的母亲是正室，因此被立为世子。333年，他继承了父亲"辽东公"的爵位，统治辽东。同年，他的兄弟慕容仁、慕容昭背叛谋反。慕容皝领兵讨伐，却大败于汶城。慕容仁于334年自称平州刺史、辽东公，统治辽东地区。336年，慕容皝率军攻打慕容仁，慕容仁被擒杀。337年，慕容皝称燕王，史称前燕。随后与后赵石虎联合击败了段氏鲜卑首领段辽，而后又大败赵军，拓展了疆

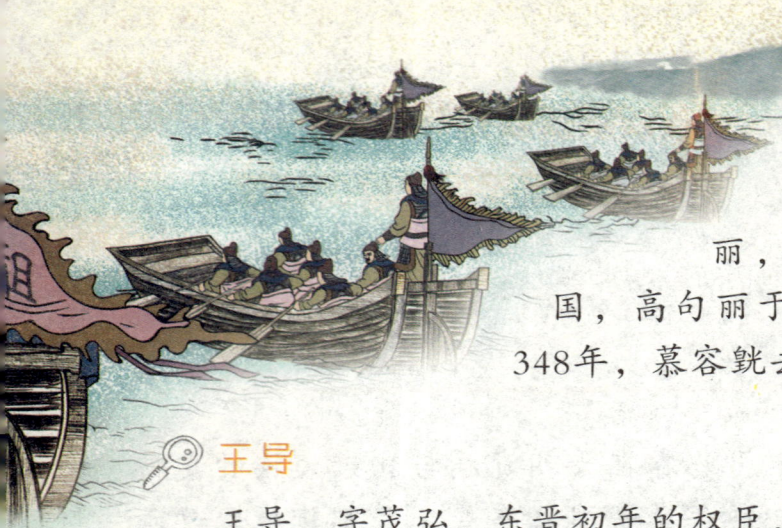

域。342年，慕容皝率军攻打高句丽，俘虏了5万多人回国，高句丽于第二年向燕称臣。348年，慕容皝去世，享年52岁。

王导

王导，字茂弘，东晋初年的权臣，历仕晋元帝、晋明帝和晋成帝三代，是东晋政权的奠基者。

王导出身琅琊王氏家族，自幼就很有见识，他与司马睿交情甚好。为了提高司马睿的威望，王导极力笼络江东士族，主动拜访江南望族。司马睿当上皇帝后，王导得到了重用。司马睿视王导为萧何。

322年，王敦之乱，王导极力反击。司马睿忧愤而死后，太子司马绍继位，封王导为"始兴郡公"。325年，晋成帝即位，王导与中书令庾亮和尚书令卞壶共同辅政，辅政期间以宽厚谦和而得人心。339年，王导逝世，享年64岁。谥号为文献公。

王敦

王敦，字处仲，东晋初年的权臣。他是王导的堂兄，曾与王导共同扶植司马氏的江东政权，消灭了不从命的江州刺史华轶，镇压以杜弢为首的荆湘流民起义。王敦因功任镇东大将军、开府仪同三司等官职，并被封为"汉安侯"。他因此掌握了长江中上游的军队，开始自选官员，专擅朝政，威胁东晋王朝。王敦一直有夺权之心，终于在322年，以诛杀刘隗为名在武昌起兵，并击败了朝廷军队。他自任丞相，在武昌遥控朝廷，史称"王敦之乱"。元帝病死后，明帝即位。王敦意图夺位，但晋明帝已准备反击王敦。同时王敦已经患病，面对晋明帝的讨伐，只得由兄长王含与部下钱凤等领军与朝廷军队作战，但最终失败。324年，王敦在战事期间病逝。

祖逖

祖逖，字士稚，东晋著名将领。祖逖年轻时就立下了远大的志向，与好友刘琨闻鸡起舞，共同奋斗。

311年，匈奴人刘曜率兵攻陷洛阳，俘虏了晋怀帝，北方贵族纷纷南下。祖逖也率部曲南渡，并被流亡者推为首领，后来又被担任镇东将军的晋朝皇族司马睿任命为徐州刺史。313年，祖逖被任命为奋威将军、豫州刺史，着手组织北伐。他只得到了很少的钱粮，战士要自己去招募，兵器也要自己打造。

:: 祖逖中流击楫

祖逖以奋威将军、豫州刺史之职北伐，他率领部曲乘船渡江，拿起船桨敲着船舷说："我若不能平定中原，就像大江一样一去不返。"

祖逖率部渡江北上，击楫中流，发誓不收复中原就不回江南。来到江北后，他招募了很多人马，收复了黄河以南的大片国土。后来由于东晋统治集团发生内乱，致使北伐缺少必要的支持，祖逖于321年忧愤而死，他收复的土地再次失守。

王羲之

王羲之，字逸少，东晋著名书法家。王羲之官至右军将军、会稽内史等，世称"王右军"、"王会稽"。他的儿子王献之的书法也很佳，世人把他们合称为"二王"。

王羲之擅写隶、草、楷、行各体，其书法平和自然，笔势委婉含蓄，遒美健秀，被后人誉为"书圣"。

王羲之的代表作品有：楷书《黄庭经》、《乐毅论》；草书《十七帖》；行书《姨母帖》、《快雪时晴

∷王羲之书成换白鹅

有一个道士养了几只漂亮的鹅，王羲之很喜欢赏，于是前去观赏。道士提出条件，请王羲之为他写《道德经》，并以这几只鹅作为酬劳。王羲之欣然同意，以墨迹换来了这几只鹅。

帖》、《兰亭序》等。其中，《兰亭序》是王羲之33岁时的得意之作，又叫《兰亭宴集序》、《临河序》、《禊序》等。《兰亭序》为历代书法家所敬仰，被誉作"天下第一行书"。

新课标考点点睛

东晋的王羲之，被后人称为"书圣"。他的代表作《兰亭序》，有"天下第一行书"的美誉。

谢安

谢安，字安石，东晋著名政治家。他出身于名门陈郡谢氏，年轻时就很有名气。他早年隐居，与王羲之等人经常往来，直到40岁左右才出来做官。

谢安入朝为官时，桓温权倾朝野。桓温在几次北伐后树立了威信，打算篡位称帝。371年，桓温废皇帝司马奕，立简文帝司马昱。第二年简文帝死，桓温率兵发动政变，却被谢安挫败。桓温死后，谢安执掌朝政，他让侄子谢玄组建了北府兵，用来防范前秦南下。383年，符坚大举南下，以图吞并东晋。谢安任征讨大都督，坐镇建康，他运筹帷幄，指挥晋军在淝水之战中大获全胜。同年，谢安派谢玄乘胜北伐，收复了大片失地。

知识加油站：东山再起

成语"东山再起"与谢安有关。谢安在40岁之前隐居在会稽附近的东山，时常有文人前来拜访他，与他饮酒赋诗。后来，前秦南侵，东晋危在旦夕，谢安临危受命，当了东晋的宰相，率军打败了前秦军。因为他长期隐居在东山，所以后人把他重新出来做官的事称为"东山再起"。

后来谢安遭到会稽王司马道子的排挤，郁郁不得志，于385年去世。

苻坚

苻坚，字永固，十六国时期的前秦皇帝，庙号世祖，谥号昭宣帝。他的父亲苻洪是氐族酋长，伯父苻健是前秦王朝的创建者。苻坚虽然出身游牧民族，然而精通汉文化。苻健之子苻生在位时，统治残忍暴虐。357年，苻坚在大臣们的支持下，杀苻生自立。

苻坚即位后，任用了王猛等一批出身不高的贤能之士，他还通过改革整顿军政、发展生产，巩固了自己的统治地位。370年至376年间，苻坚先后灭掉了前燕、前凉和代等割据政权，统一了中原，与东晋隔江对峙。

王猛死后，苻坚不顾群臣劝阻，倾全国之力，打算灭东晋统一天下。383年，前秦在淝水之战中战败，鲜卑人慕容垂和羌人姚苌先后背叛，中原再度分裂。385年，慕容冲攻占长安，苻坚出逃，被姚苌截杀。

知识加油站：投鞭断流

苻坚决定率军南侵东晋，朝中大臣全都反对，说东晋有长江天险，不易攻下。但骄傲的苻坚却不屑地说："我拥有百万大军，只要我一声令下，所有士兵把他们的马鞭投入长江，可以使长江水断流，长江天险还有什么好怕的？"后人因此以"投鞭断流"形容军队阵容鼎盛，或实力强大的机构人才辈出等。

桓温

桓温，东晋权臣，他的儿子桓玄称帝后追尊他为宣武帝。桓温出身士族，但是门第不高，他从小就立志成为刘琨、陶侃那样的英雄人物。后来桓温受到朝廷的器重，娶晋明帝之女南康公主为妻。

346年，桓温趁成汉内乱之机，率军溯江而上，收复了蜀地。354年，桓温第一次北伐，在蓝田击败前秦军队，兵锋直逼长安，关中父老纷纷前来劳军。然而前秦军队抢先收割了粮食，晋军因粮草不足被迫撤退。356年，桓温第二次北伐，收复了洛阳，但是朝中没人同意他迁都洛阳的建议，以至于洛阳得而复失。369年，桓温第三次北伐，再次因贻误战机半途而废。

桓温于371年废掉了皇帝司马奕，改立简文帝司马昱。372年，简文帝病死，桓温开始谋划篡位之事，结果在第二年病死。

:: **咄咄怪事**

　　扬州刺史殷浩与桓温不合，他率军北伐接连失败，且部将羌人姚襄反叛。桓温趁机上书谴责殷浩，使朝廷将其罢官流放。殷浩面无悲伤之色，却整天书写"咄咄怪事"四个字，以此表达心中的不平。

陶渊明

陶渊明，又名潜，字元亮，号五柳先生，东晋文学家。他的曾祖父陶侃是东晋的开国功臣，官至大司马，祖父陶茂曾任武昌太守。

陶渊明年幼丧父，家道中落，但是他非常喜欢读书，不仅学习了当时社会上流行的《老子》和《庄子》，还很喜欢描写神话故事的书。393年，他出任江州祭酒。由于陶氏门第不高，因此陶渊明很不得志，于是辞官而去，回

∷陶渊明东篱采菊

陶渊明痛恨当时的黑暗政治，于是隐居山野，安享田园之乐，他赋诗道"采菊东篱下，悠然见南山"，抒发了对恬静的隐士生活的热爱。

到家乡享受田园之乐。太守请他担任主簿，他也没有同意。后来，陶渊明经人举荐，出任彭泽县令，朝廷派督邮来视察工作，县吏请他穿着整齐前去迎接。陶渊明说："我不会为了五斗米的俸禄而向那种小人点头哈腰！"于是，他交出官印，再次辞官。

刘裕篡位称帝后，陶渊明时常怀念东晋，并在晚年写下了《挽歌诗》三首，最末两句为"死去何所道，托体同山阿"。

那时的生活情境

玄学与清谈

面对西晋社会的腐朽，当时的士人对黑暗的政治越来越失望，玄学成为了名士的主要思想寄托。玄学是以道家理论解释儒家经典《易》为中心而形成的思想流派。当时玄学所谈主要是《老子》、《庄子》和《易》，所谓"三玄"。玄学的核心是"无"。

由于社会处于战乱状态，自东汉末至司马氏，专权已成政治风气，一般士人上进无路，因此士人的思想消极，倾向于"贵无"，这就促成了玄学的产生。初期代表人物是何晏和王弼。稍晚的代表人物是"竹林七贤"阮籍、嵇康等人。士族名流常常在一起不谈论任何国事，专谈三玄。这种"清谈"之风在当时极为盛行，特别是统治阶级和有文化的人，他们在一起讨论争辩，摆观点，说道理，以驳倒他人为能事。

道教的发展

三国时期，太平道随黄巾起义被镇压而逐渐衰亡，五斗米道也因张鲁归降曹操而遭到官府的抑制。但是由于道教宣扬清静无为和修身养性，因此受到很多门阀士族的欢迎，希望通过这种信仰益寿延年、祈求平安，统治者也希望以此作为控制民众思想的工具。五斗米道尊创始人张陵为天师，所以又称天师道。

自张鲁归降曹操后，天师道原有的组织系统就趋向瓦解，"五胡乱华"后更是分化为南北两派。西晋时，道教尚未确立比较完善的理论体系，东晋著名道士葛洪改变了这一情况。葛洪著有《抱朴子》一书，总结了战国以来的神仙方术，又继承了魏晋以来的炼丹理论，确立了丹鼎派道教的神仙理论体系。

两晋时期，道教逐渐由民间信仰发展为受到官方承认的正式宗教。

田园诗的兴起

东晋时期，田园诗产生并有很大发展，代表人物是陶渊明。

当时官场上派系之争以及阿谀奉承的风气，使陶渊明很失望，他无法忍受内心的压抑，不愿与这些人同流合污，思想感情倾注于田园生活上。405年，任彭泽县令，因不肯"为五斗米折腰"迎接郡里来的督邮，自动辞职回家，全身心地回到田园，从此过着田园生活，直到病死。

他每天都到农田劳动，闲时便读书写诗。陶渊明的田园诗代表作有《归去来辞》、《归田园居》等。诗歌表达

了他不随俗浮沉，不追逐名利的心境。他的诗
歌和人品，对后世产生了深远的影响。

东晋时期的书法与绘画

东晋书法上的集大成者
是王羲之与王献之父子。后
人将他们父子二人合称为
"二王"。王羲之曾向多
个书法大师学习，后博采众长，一变汉、魏以来质朴的
书风，成为新体。他尤其擅长行书，被后人称之为"书
圣"。代表作是《兰亭序》，被誉作"天下第一行书"。
其子王献之擅长写行书、草书、隶书等，与王羲之齐名，
被称为"小圣"。代表作有小楷书《洛神赋十三行》，行

:: **曲水流觞**

353年，王羲之与好友谢安、孙绰等人在会稽山的兰亭集会，大家在清溪两岸席地而坐，将斟满
酒的杯子放在溪水中，杯子流到谁的面前，谁就要即兴赋诗，这项活动叫做"曲水流觞"。

书《鸭头丸帖》等。

　　绘画方面，东晋顾恺之善画人物，注意点睛传神。他的名作有《女史箴图》。此画中，人物线条圆转，后人称之为"春蚕吐丝"，又叫"高古游丝描"。该画气味古朴，其用笔的功力，线条的质量，都是后人很难达到的。

新课标考点点睛

　　顾恺之的绘画题材非常广泛，佛教故事、人物山水、飞禽走兽无所不画。代表作有《女史箴图》和《洛神赋图》。

胡汉文化的交融

　　两晋时期，尤其在北方，呈现出了胡汉文化交融的繁盛景象。

:: 石勒重视汉学

　　石勒重视汉学，他虽然不识字，但是喜欢听儒生讲《汉书》。有一次，他听到郦食其建议刘邦立六国后人为王时，认为不妥，后来又听说张良劝阻了此事，他才说："幸亏有张良，汉朝才能统一天下。"

知识加油站："胡言乱语"的由来

"胡"是指我国西方少数民族，主要是指匈奴。早在汉朝时，汉胡民族便开始大融合，胡人说汉语不太标准，于是就有了"胡言乱语"的说法。后来把听不懂的语言称为了胡说。此外，还派生出很多其他词语，如胡闹、胡扯、胡说八道，又有了胡椒、胡琴、胡萝卜等词语。

从东汉初年到西晋初年，匈奴逐步汉化。刘渊汉化程度很深，建立的政权也称"汉"。后赵羯族人石勒，汉化程度也很深，利用汉人的治理方略，重用汉人张宾为谋主。他设立太学和郡国学，用儒学培养人才。前秦的苻坚更是汉文化的极力推崇者，他重用汉族寒门士人王猛，按照汉法改革政治，发展文化。

民族的同化总是双向进行的，胡人汉化的同时，就是汉人胡化。汉人在生产、生活中潜移默化地吸收了胡人的习俗。这种变化，从东汉末年已经开始，到五胡十六国时期达到高潮。十六国时期，随着骑马民族的南下，把畜牧及与其有关的生产技术带到了中原地区。胡语、胡乐、胡舞给中原文化增添了新的活力。北方汉人以学习胡语为时髦之举，久而久之，北方汉语中充斥了"胡虏"之音。

第96、97页游戏答案：

开动脑筋，错误大纠察！答案：

1. 赤壁之战前还没有建立吴国和蜀国，所以黄盖的说法是错误的。
2. 火药发明于唐朝，宋朝应用于军事，所以说诸葛连弩配合使用火药是错误的。
3. 卫温与诸葛直到达的是今天的台湾而不是日本。

各就各位！答案：

1. b d w z   2. h j n   3. g y   4. e k o r

隔着长江对峙!

东晋因统兵将领控制了政权而灭亡,刘宋的建立标志着南朝的开始。然而这个新王朝也没有摆脱东晋的命运,此后的齐、梁、陈都是手握重兵的将领通过政变建立起来的。北魏统一中原标志着北朝的开始,由此正式确立了南北朝对峙的局面。北朝的汉化缓和了民族矛盾,也促进了南北的融合。最终,隋朝结束了自东汉末以来长达400年的分裂局面。

发生什么大事了?

刘宋的建立

东晋末年,政治腐败,起义连绵不断。东晋的北府兵将领刘牢之把刘裕征召来任参军事,讨伐孙恩起义。刘裕作战英勇,很快孙恩起义被平叛,晋安帝复位后,封刘裕为侍中、车骑将军等职。刘裕是个聪明人,他在接受了册封后,移镇京都之外,遥控朝廷。这样既保证了自己军权在手,又远离了京城这块是非之地,可以进退自如。刘裕于409年和417年,分别灭掉了南燕和后秦。大权在握后,420年,刘裕灭了东晋,改国号为宋。

刘裕在位期间,励精图治,抑制了豪强势力,减轻了人民的负担。可惜的是,登基刚刚三年,刘裕就得了重病死去,谥号武帝。

元嘉北伐

元嘉北伐是指宋文帝企图统一中原,于430年、450年

知识加油站：元嘉草草，封狼居胥，赢得仓皇北顾

南宋大词人辛弃疾在《永遇乐·京口北固亭怀古》中提到的："元嘉草草，封狼居胥，赢得仓皇北顾。"说的正是元嘉北伐的典故。其中，"封狼居胥"指霍去病打败匈奴后，在狼居胥山举行祭天仪式的事件。正是由于宋文帝草率北伐，急于"封狼居胥"，建盖世奇功，却反遭惨败，落个"仓皇北顾"的下场。

两次大规模向北讨伐北魏。因宋文帝的年号为元嘉，故这两次大规模北伐被称为元嘉北伐。

南方的刘宋代晋后，北方的北魏也强大崛起。北魏太武帝拓跋焘与大夏、柔然发生了连年的激烈战争。宋文帝认为这正是统一中原的好机会，于是于430年率军北伐。由于魏军主力正在北方作战，河南各地兵少，宋军大胜，收复了很多失地。但魏军突然大举渡河南下，宋军因防线过长，不堪一击，这次北伐以刘宋的完全失败告终。

∷ 刘裕的却月阵

刘裕攻打后秦时，遭到北魏骑兵的尾随袭扰，于是决定与之开战。他抢占有利地形后，以步兵为主，结合少量骑兵和水军，排列成新月形的却月阵，使北魏铁骑遭受重创。

此后，南北方保持了近20年的平静。北魏四处攻伐，终于统一了北方。刘宋也休养生息，力量增强了不少。450年，魏军以10万之众南伐刘宋。刘宋守将纷纷弃城逃走。在这样南不敌北的情况下，宋文帝竟想要再次北伐。结果，这次北伐又以失败告终，至此，北强南弱的态势更加明显。

刘宋皇室的自相残杀

从453年宋文帝刘义隆被太子刘劭杀死起，到479年宋顺帝刘准禅位萧道成止，二十六年间，刘宋皇室自相残杀的惨剧，史不绝书，最终导致权臣篡国的局面。

太子刘劭杀死宋文帝后，宋文帝的三子武灵王刘骏率兵讨伐刘劭，将刘劭杀死并悬首示众。刘骏即位后，史称孝武帝，元气大伤的刘宋王朝从此走向衰落。464年，刘骏死后，太子刘子业即位，即前废帝。刘子业生性残暴，弟弟始平王刘子鸾、南海王刘子师都被他杀死。他还将叔父刘彧软禁了起来，结果465年被刘彧杀死。刘彧即位，即宋明帝。他先后杀死了刘子业的兄弟刘子勋、刘子顼、刘子房等人，并将孝武帝的其余12个儿子也无端杀了，甚至连救过他命的哥哥建安王刘林仁也被他杀了。宋家刘氏再遭此惨劫后，宗族势力迅速衰败，刘宋王朝也加速腐败。

472年，太子刘昱继位称帝，即后废帝。477年，刘昱被杀，弟弟安成王刘准为帝，即宋顺帝。479年，权臣萧道成废杀宋顺帝，至此南朝宋灭亡。

北魏的建立与统一北方

鲜卑族拓跋部于338年在盛乐，就是今内蒙古一带建立了代政权，376年被前秦所吞并。386年，拓跋珪称王，重建代国，同年改国号"魏"，史称北魏。398年建都平城，次年称帝，即为魏道武帝。拓跋珪击败后燕进入中原后，奖励生产，招纳汉族地主参加统治集团，加快了鲜卑拓跋部的汉化进程，使拓跋部成为了北方的强大势力之一。

拓跋珪死后，其子明元帝拓跋嗣承其前业。拓跋嗣死后，太武帝拓跋焘即位。拓跋焘击败了北方大漠政权——柔然。并于427年，攻破了坚不可摧的统万城，从此北魏统一北方的形势已经不可逆转。431年灭夏，西逐吐谷浑，又于436年灭北燕，439年灭北凉，至此北方结束了长期的分裂割据局面，南北朝对峙局面正式形成。

:: **服寒食散拓跋珪性情大变**

道武帝拓跋珪入主中原后，服食了一种叫做寒食散的药物，导致性情大变，喜怒无常，后来被自己的儿子拓跋绍杀死。

🔍 南齐取代刘宋

　　刘宋皇室自从宋文帝被太子刘劭杀死后，不断地相互残杀，这极大地削弱了刘宋的统治力量。这时，一个叫萧道成的禁军将领登上了政治舞台。

　　萧道成原在地方当刺史，孝武帝时，他返回京城任职。明帝即位后，前废帝的弟弟刘子勋叛乱。危难之际，萧道成受命征讨刘子勋，奇迹般地赢得了胜利，宋室转危为安。随后，萧道成势力不断扩大，虽然引起了明帝的警惕，但明帝还没来得及处置他便病故了。明帝一死，萧道成掌握了重兵。在他主持下，先后平定了宗室亲王与方镇重臣接连发动的叛乱，相继废除后废帝，扶立顺帝，诛杀异己袁粲、刘秉，并最终于479年，逼迫顺帝刘准退位，自立为帝，建立了齐朝，史称南齐或萧齐，萧道成即是齐高帝，刘宋王朝自此灭亡。

:: 刘昱草箭射萧道成

　　小皇帝刘昱生性凶顽，见正在午睡的萧道成大腹便便，就要以他的肚脐眼为靶子练射箭。宫中侍卫王天恩怕伤了人命，就建议皇帝用草做成的箭来射，使萧道成躲过一劫。

北魏孝文帝改革

早在冯太后掌权时代，已推行了一系列改革措施。孝文帝亲政后，为了巩固政权，进行了更多的大刀阔斧的改革。主要内容如下：

政治上，整顿吏治，制定了俸禄制度。北魏前期，官吏没有俸禄，全靠搜刮百姓。制定俸禄制度后，可以销减官吏贪赃枉法；494年，把都城从平城迁到了洛阳，有利于加强对中原的控制。

经济上，颁布均田令，从此按人口分配土地，保证了政府的赋税收入，有利于农业生产。

文化上，改鲜卑复姓为汉姓，孝文帝首先改姓"元"，另外步六孤改姓陆、独孤改姓刘；提倡鲜卑人说汉语，并鼓励与汉族通婚，改穿汉族人的服装。

北魏孝文帝改革促进了北方各少数民族进入封建社会，适应了各族人民间的自然融合趋势，对当时社会经济发展和民族的大融合起了积极推动作用。

新课标考点点睛

为了加强对中原的统治，北魏孝文帝决定迁都洛阳。在此前后，他还推行了一系列政治、经济改革，主要措施有：推行汉语、汉服、改用汉姓，鼓励鲜卑人与汉人通婚，采用汉族的政治制度，学习汉族礼仪、尊崇孔子、以孝治国，提倡尊老、养老。孝文帝的改革促进了民族融合。

六镇起义

六镇起义是指北魏末年北方六镇戍卒和各族人民大起义。六镇设于北魏初年，后增为武川、怀朔、沃野、柔玄、怀荒、抚冥、御夷、高平、

:: 六镇起义

　　北魏的残暴统治引发北方边境六个军镇士兵及百姓的起义，尔朱荣、高欢、宇文泰等人的势力在这次起义中发展壮大，后来成为北魏王朝的掘墓人。

薄骨律等九镇，均以贵族为镇将。北魏都城南迁洛阳后，六镇逐渐失去重要性。宣武帝以后，镇将们大都贪残无比，霸占土地，克扣兵饷，对镇兵和各族百姓进行残酷的奴役和剥削，加上灾荒连年，阶级矛盾十分尖锐。523年，怀荒镇兵杀镇将起义。不久沃野镇破六韩拔陵率士兵杀镇将起义，各族人民及镇兵纷起响应。高平镇兵也在胡琛率领下起义。起义军连连克捷，六镇尽为所占。北魏政府勾结柔然贵族进行镇压，义军虽英勇奋战，终告失败。这次起义揭开了北魏末年各族人民大起义的序幕。

北魏的分裂

　　六镇起义失败后，北魏政府把六镇士兵都押送到了冀州一带。这些兵士哪里肯受魏朝的奴役，很快又爆发了葛荣起义。这时有个部落酋长尔朱荣，手下有八千强悍的骑兵，魏孝明帝就利用尔朱荣的兵力来对付葛荣。尔朱荣很快平定了葛荣叛乱。

此后，尔朱荣和胡太后、孝明帝在内乱中互相残杀。528年，尔朱荣乘孝明帝被胡太后毒死之机，拥立元子攸为皇帝，即孝庄帝，自任太原王，专断朝政。之后，发动了河阴之变，将胡太后和幼主元钊溺杀于河阴。530年，尔朱荣被孝庄帝设计杀死。最后北魏的实权，落在两员大将高欢和宇文泰手里。北魏孝武帝投靠了宇文泰。丞相高欢想篡夺政权，宇文泰维护朝政，双方进行了多次激烈交战。最终高欢于534年，立元善见为皇帝，都城邺，改元天平，即孝静帝，东魏正式建立。535年，宇文泰立元宝炬为文帝，都长安，史称西魏。北魏从此分裂。

🔍 南梁的建立

南朝齐末期，政治腐败。靠阴谋手段篡位的齐明帝萧鸾去世后，齐东昏侯萧宝卷即位。齐东昏侯是我国历史上最为昏庸荒淫的皇帝之一。他奢侈至极，喜欢大兴土木，造成国家财政困难。他喜爱滥杀无辜，杀死了很多功臣，逼得文官告退，武将造反，政权处在风雨飘摇之中。

南齐宗室萧衍于501年乘南齐君臣互相残杀之机，政局极端混乱之际，起兵于襄阳，攻占了建康，杀死东昏侯，拥立他的弟弟萧宝融为帝，即齐和帝。502年，萧衍废黜齐和帝，自立为帝，即梁武帝，国号梁，都建康，建元天监，史称萧梁。

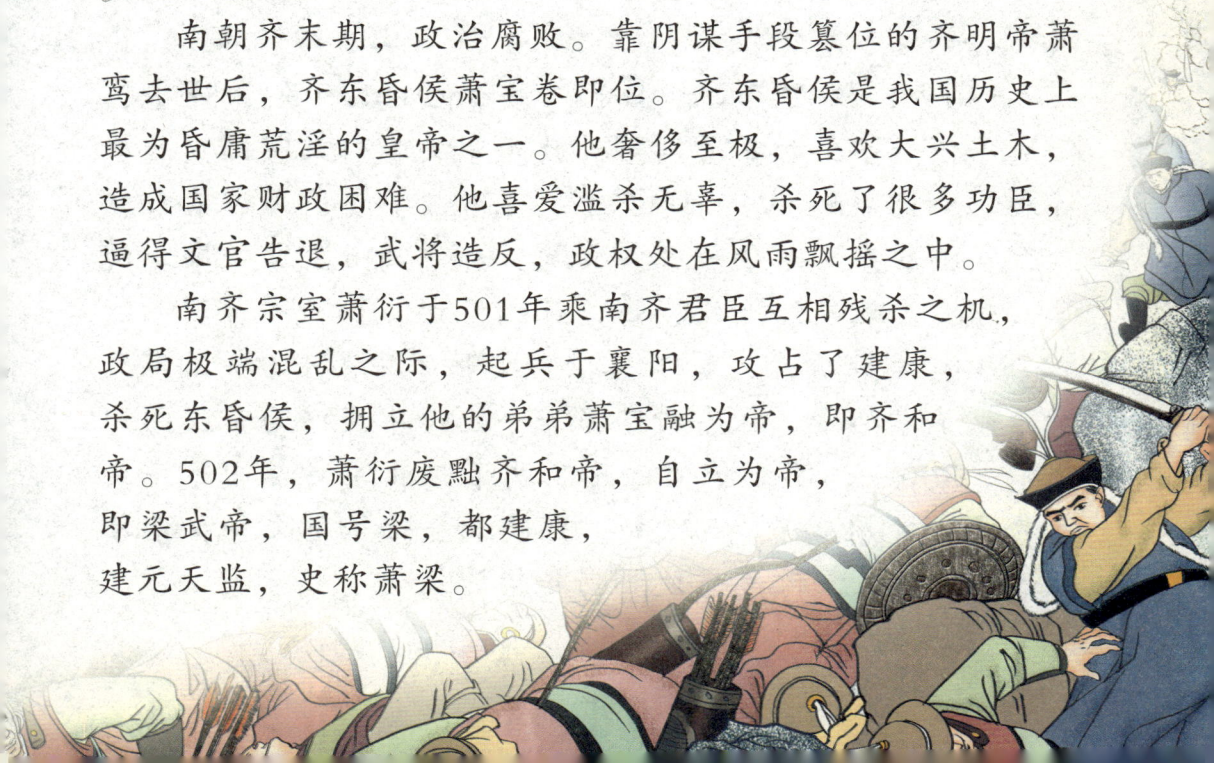

北齐取代东魏

在整个东魏统治时期，政权一直掌握在丞相高欢家族手中。高欢善于玩弄权术，权倾朝野。高欢死后，长子高澄承袭其渤海王位，也权倾一时。但不久，高澄因为专横跋扈被兰京杀死。年仅21岁的高洋，即高欢的次子，被封为了大丞相，都督全国军队，还承袭了他哥哥的爵位齐王。

550年，高洋在高德政、徐之才、宋景业等人的撺掇下自晋阳向邺城出发，登上了皇帝之位，建立齐国，即北齐显祖，改元天保，史称北齐，至此东魏灭亡。551年，高洋毒死了年仅28岁的孝静帝元善见。高洋追尊其父高欢为神武皇帝，其兄高澄为文襄皇帝。

北周取代西魏

西魏自从建国后，政治大权牢牢掌握在权臣宇文泰手中。宇文泰在政治、经济等多方面进行了改革，为北周取代西魏奠定了基础。

556年，权臣宇文泰去世，由于他的儿子们都还小，便遗命侄子宇文护掌管国家大政。宇文护想乘宇文泰的权势和影响尚存时早日夺取政权，在557年废杀西魏恭帝拓跋廓，拥立宇文泰的长子宇文觉，称"周天王"，即孝闵帝，建立了北周。至此，西魏正式灭亡。

孝闵帝年幼，大权掌握在宇文护手中。559年，宇文护毒死了孝闵帝，立宇文泰另一个儿子宇文毓为帝，即周明帝。560年，宇文护又毒死了明帝，立宇文泰四子宇文邕为帝，即周武帝。572年，周武帝杀死了宇文护，亲掌朝政，并进行了改革，使北周转弱为强。

🔍 北周武帝改革

北周武帝亲政后，为了富国强兵，他进行了一系列改革。

首先，废除了都督中外诸军事衙门，从此宰相不再管军事，并把府兵改称为"侍官"，即君王侍卫，从此府兵成为了皇帝直接控制的工具。

经济上，北周武帝劝课农桑，奖励生产，减轻赋役，多次下令释放战俘、奴婢，提高了劳动者的身份，使社会经济得到了恢复和发展。

北周武帝还颁布了《刑书要制》，立法严峻，即使同胞兄弟也不宽贷。此外，为了富国强兵，574年，他下令销毁佛经、佛像，勒令僧侣、道士还俗。

北周武帝的一系列改革，使北周国力大大增强，为统一北方和以后隋统一全国奠定了基础。

:: 周武帝灭佛

南北朝时期，佛教兴盛，寺庙占有大片农田，还隐匿了大量劳动力，使国家的兵源和税收大为减少。北周武帝下令灭佛，没收寺庙地产，勒令僧尼还俗，并编入户籍。

🔍 北方再度统一

北周武帝改革后，北周国力大大增强。而北齐在高洋死后国势日渐衰微。北齐后主高纬昏庸无道，北齐政治腐败，已成风雨飘摇之势。北周武帝看清了北齐混乱的局势，决定出兵伐齐。

575年，周武帝出兵攻打北齐。但后来周武帝得了急病，只得退兵。576年，北周再次出兵伐齐。周武帝集中了十几万兵力，进攻晋阳的门户平阳城，就是今天的山西临汾。周军大败北齐军，赢得了平阳之战的胜利，北齐主力实际已被打垮。北齐文武百官纷纷投奔周武帝。

高纬逃到了邺，将皇位让给了八岁的儿子高恒，自己当上了太上皇。577年，周武帝率军攻破了邺城，俘虏了高纬。高纬于578年被杀。

周武帝灭北齐，统一了北方，结束了自东西魏分裂以来近半个世纪的分裂割据局面，为隋统一中国奠定了坚实的基础。

🔍 南北朝的终结

北周周静帝时，军政大权掌握在了大丞相杨坚手中。581年，杨坚逼迫周静帝退位，自立为帝，即隋文帝，改国号隋，北周灭亡。隋取代北周后，隋文帝励精图治，积极准备消灭南朝陈，实现全国统一。

陈朝是南朝最后一个朝代，由陈武帝陈霸先于557年建立的，都城是建康。陈朝控制着江陵以东、长江以南的地区。陈朝建立时已经出现南朝转弱，北朝转强的局面。陈霸先统治时期，南朝的形势有所好转。但到第五个皇帝

∷ 杨坚废外孙自立

　　杨坚的女儿是北周宣帝的皇后，静帝是宣帝的儿子，所以从辈分上来说，杨坚是静帝的外祖父。静帝继位后，杨坚辅政，不久后废静帝自立，建立了隋朝。

　　陈后主陈叔宝时，政治腐败，陈叔宝每天只沉浸在酒色之中，无心管理朝政。588年，杨坚率隋军大举进攻陈朝，陈叔宝不以为然。589年，隋军攻破陈朝都城，沉迷酒色的陈叔宝与爱妃为了逃命，躲藏于枯井中，但最终还是被隋军所俘，陈朝灭亡。至此，南北朝结束了长期分裂的局面。

🗝 **第28、29页游戏答案：**

　　开动脑筋，"故"归原主答案：

　　乐不思蜀——刘禅　三顾茅庐——刘备　草船借箭——诸葛亮
　　草木皆兵——苻坚　七步成诗——曹植　咄咄怪事——殷浩
　　唱筹量沙——檀道济　过五关斩六将——关羽　生子当如孙仲谋——曹操

　　谜语猜人名答案：

　　1．诸葛亮（孔明）　　2．祖冲之　　3．关羽
　　4．赤壁　　5．南北朝　　6．孙策　　7．刘表

开动脑筋，错误大纠察！

　　小朋友们，通过这段时间的阅读，相信你一定已经掌握了很多历史知识，知道了很多历史真相。那么下面就要考考你对历史的掌握喽！下面的历史观点和历史场景，其中有些错误，看你能不能找出来并说明理由。

　　场景1：赤壁之战前，黄盖对诸葛亮说，"我们吴蜀联盟定能打败魏军，克敌制胜！"
　　纠错：

　　场景2：诸葛亮在北伐中为了取得兵力上的优势，发明了诸葛连弩（又称元戎弩），一次能发射十支箭，诸葛亮还在箭头上配合使用火药，因此诸葛连弩火力很强。
　　纠错：

　　场景3：卫温与诸葛直受吴主孙权的命令，一起远涉重洋，到达了今天的日本。
　　纠错：

各就各位！

小朋友们，下面这个游戏要考验你们的记忆力还有综合能力，你所选择的人物要兼备括号前的所有条件哦！

1. **三国、蜀国、武将** （　　）
2. **两晋南北朝、书画家** （　　）
3. **两晋南北朝、后宫、干政** （　　）
4. **南北朝、开国君主** （　　）

供选选项：

a.陶渊明　b.姜　维　c.司马懿　d.赵　云

e.萧道成　f.黄　盖　g.贾南风　h.王羲之

i.曹　植　j.顾恺之　k.刘　裕　l.吴道子

m.陆　逊　n.王献之　o.陈霸先　p.武则天

q.陈叔宝　r.高　阳　s.宇文护　t.李　白

u.吕　后　v.慈　禧　w.张　飞　x.石　勒

y.冯太后　z.关　羽

（两题答案在本书第83页）

你知道这些人吗？

宋武帝

宋武帝刘裕，字德舆，南朝宋的建立者，魏晋南北朝时期的著名军事家。

刘裕出生于京口，就是今天的江苏镇江，他年轻时不学无术，嗜赌成性。谢玄在京口组建北府兵后，刘裕也投身其中，由于足智多谋，不久后就成为冠军将军孙无终的司马。399年，孙恩利用五斗米道在会稽聚众起义，刘裕以北府兵将领刘牢之参军的身份随军前去镇压。在这次作战的过程中，刘裕的部队军纪严明、英勇善战，他因功被授予建武将军的头衔。

402年，桓温之子桓玄攻入建康，并迫使刘牢之自杀。刘裕避其锋芒，暂时采取了合作态度，以麻痹桓玄。403年，桓玄篡位称帝，刘裕于第二年起兵讨伐，并将其打败。东晋复国后，刘裕成为朝廷重臣。

409年和417年，刘裕分别灭掉了鲜卑人建立的南燕和羌人建立的后秦。420年，刘裕代晋称帝，国号为宋。422年，宋武帝刘裕去世。

檀道济

檀道济，刘宋初期的著名将领，他用兵如神，《南齐书》中有"檀公三十六策"的说法。

檀道济出生在京口，与宋武帝刘裕是同乡。他幼年父母双亡，由兄长抚养长大，后来参加了北府兵。404年，檀道济随刘裕讨伐篡位的桓玄，成为其得力干将。410

:: 檀道济唱筹量沙

430年，檀道济率军北伐，一个士兵逃到北魏军营，把宋军缺粮的情况泄漏出去。北魏派人来打探消息，檀道济用装满沙土的袋子伪装成军粮，使北魏不敢发起大规模进攻。

年，他参与镇压了卢循起义。416年，刘裕北伐后秦，檀道济与王镇恶担任先锋，并率军攻占了洛阳。417年，他又与王镇恶联手攻占了长安。

刘宋政权建立后，檀道济多次率军抵御北魏的进犯，成为国家的栋梁之臣。430年，宋文帝北伐，檀道济奉命随行。436年，宋文帝病，其弟刘义康趁机执掌大权，把檀道济当成夺权的绊脚石，于是将他诱杀。刘宋王朝自毁长城，导致无人能阻止北魏的侵扰。

北魏道武帝

北魏道武帝拓跋珪，北魏开国皇帝，鲜卑族人。他是

代王拓跋什翼犍的孙子，献明帝拓跋寔的儿子。

376年，秦灭代国，拓跋珪出逃。383年淝水之战后，苻坚势力瓦解，被役属的各族纷纷起兵独立。386年，拓跋珪被各族推为代王，建元登国。同年称魏王，改国号为魏。北魏正式建立。

拓跋珪即位后5年之间，北面击败高车与柔然，东北面击败库莫奚，扫除了后顾之忧。南面先联合后燕，待国力强盛后，396年，率军攻伐后燕，大败后燕。398年，拓跋珪将国都从盛乐迁到平城，并自称皇帝。他开始仿汉人制度建立台省，设置朝廷百官和地方的刺史、太守，将鲜卑政权推进封建社会。

409年，被次子拓跋绍杀死，终年仅39岁，在位24年。

北魏太武帝

北魏太武帝拓跋焘，鲜卑名叫佛狸，北魏第三代皇帝。

423年，15岁的拓跋焘即位。后来他重用出身名门的崔浩，立志统一天下。427年，北魏军队围攻夏国都城统万城，北魏太武帝首先以少量骑兵引诱夏军出城还击，然后率兵从后面包抄，最终攻破了坚固的统万城。429年，北魏太武帝北击柔然，大获全胜。436年和439年，北魏又

知识加油站：统万城

统万城是十六国时夏国的都城，城址在今天的陕西靖边。夏国是匈奴铁弗部首领赫连勃勃建立的政权，统万城得名于"统一天下，君临万邦"。统万城以蒸土筑成，就是将石灰、黏土、糯米汤搅拌后蒸熟，一层层浇注为城墙，最后夯实。当时监工以铁锥检验，如果铁锥能刺入城墙一寸，就将工匠杀死，因此统万城异常坚固。

:: 宗爱弑二帝

452年，宦官宗爱杀死北魏太武帝，假传皇后旨意，立太武帝少子拓跋余为帝。不久后，宗爱又杀死拓跋余。文成帝即位后，将宗爱等宦官处死，灭三族。

分别灭掉北燕和北凉，继前秦之后再次统一中原。

北魏太武帝崇信道教，封嵩山道士寇谦之为国师，并在440年将年号改为太平真君，自己还登坛受箓当了道士。438年，他还发动了一次大规模的灭佛行动。太武帝晚年统治残暴，导致朝中人心惶惶，连功臣崔浩也惨遭杀害。452年，他被宦官宗爱刺杀。

宋文帝

宋文帝刘义隆，刘宋第三位皇帝，宋武帝之子。415年，8岁的刘义隆被封为彭城县公，其父刘裕称帝后又封他为宜都王。宋武帝死后，太子刘义符继位，但很快就被徐羡之、傅亮、谢晦等人废黜，改立刘义隆为帝。

424年，宋文帝即位，于两年后杀死了专权的大臣徐羡之等人。宋文帝在位初期，励精图治，继续实行刘裕的治国方略，南方广大的荒凉之地得到了开发。宋武帝、宋文帝统治期间是东晋南北朝国力最为强盛的历史时期，史称"元嘉之治"。

430年，宋文帝仓促北伐，结果损失惨重。436年，他患病期间，其弟刘义康借机夺权，并杀害名将檀道济。宋文帝病愈后，将刘义康除掉，开刘宋皇室自相残杀之先河。

450年，宋文帝再次北伐，仍然以失败告终。453年，他被太子刘劭杀死。

宋孝武帝

宋孝武帝刘骏，字休龙，南北朝时期

:: 刘裕留衲戒奢

宋武帝称帝后，曾取出一件贫贱时穿过的旧衣服，让长女会稽公主收起来，以告诫后世子孙不忘祖先创业的艰辛。宋孝武帝即位后，不但不学习祖父的勤俭美德，而且还嘲笑他是个庄稼汉。

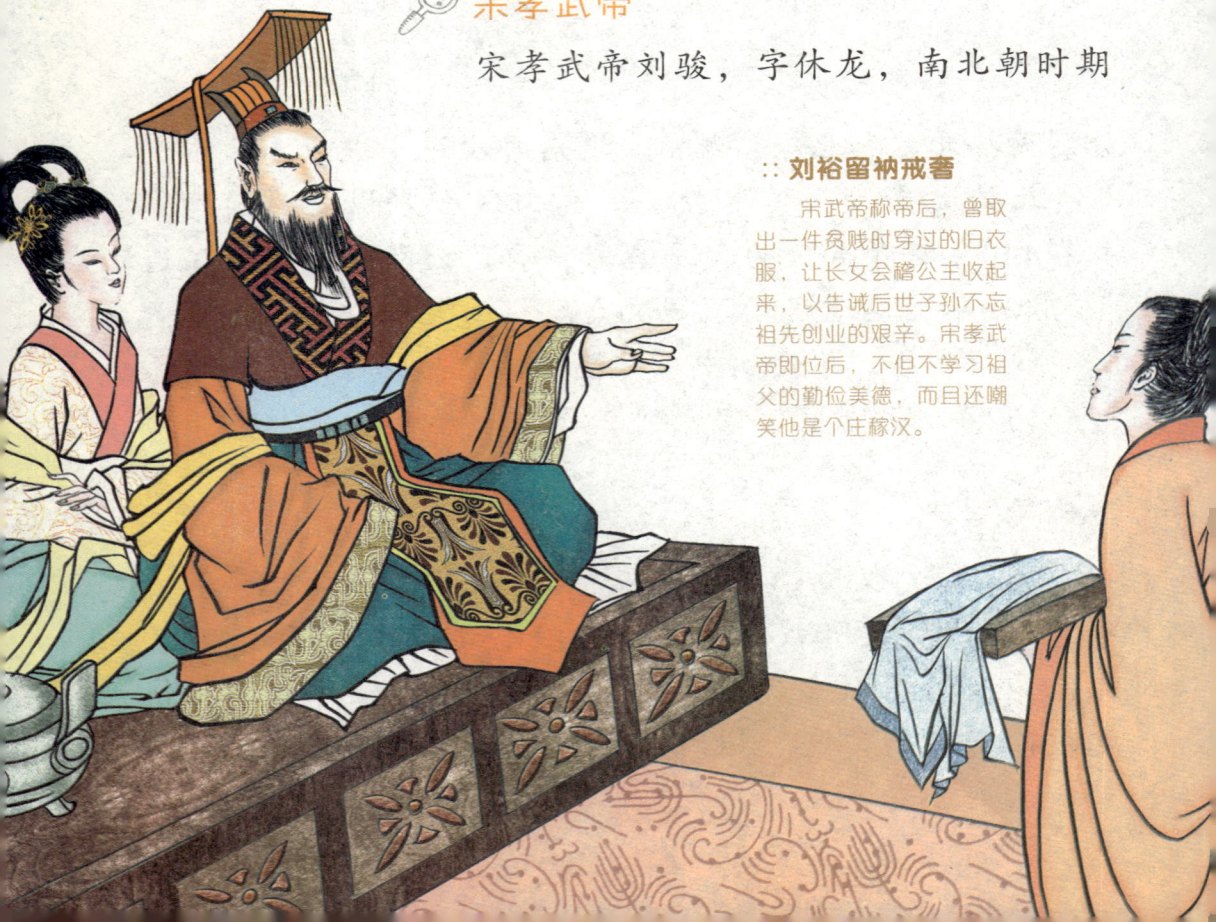

宋朝的第五位皇帝。他是宋文帝刘义隆的第三子。

430年，年仅6岁的刘骏被封为武陵王。之后，任南中郎将，管理荆州等地的事宜。453年，太子刘劭杀死宋文帝，刘骏与荆州刺史刘义宣、雍州刺史臧质举兵讨伐，很快便击溃了刘劭的势力，夺取了皇位，年号为"孝建"、"大明"。

刘骏在任期间改革了吏治，分散了尚书省的权力，加强了中央集权。不过刘骏喜好营建宫室，也扩大了中央财政支出。而且刘骏在任期间对于诸王很不信任，导致了刘骏皇叔刘义宣与臧质等人起兵造反，后来被镇压。

刘骏在位11年，464年病死。他是一个昏庸残暴的皇帝，在他的统治之下，刘宋王朝逐渐衰落。

王玄谟

王玄谟，字彦德，南朝宋将领。

408年，刘裕率师北伐，在青州见到了20岁的王玄谟。刘裕很赏识他的才能，任命他为"从事史"，王玄谟从此开始了官宦生涯。

450年，南朝宋军大举进攻北魏，王玄谟被任为宁朔将军，随辅国将军萧斌率军北攻。但在攻打滑台时，因丧失了攻城良机，王玄谟军大败。战后，萧斌要杀他，因担心会引起军心混乱，王玄谟才得以保全性命。

滑台战后，他曾帮助孝武帝刘骏击败杀死宋文帝的刘劭，因此被加封为徐州刺史。之后，又平叛了南郡王刘义宣与江州刺史臧质的谋反。王玄谟因功被封为"曲江县侯"。由于他功高权重，后遭人嫉妒被免官。

464年，宋孝武帝死后，王玄谟成为顾命大臣，辅佐前废帝。他在任期间，励精图治，帮助前废帝治理国家。宋明帝即位后，王玄谟受到特殊礼遇，被封为护军将军。481年，病死于任内，享年81岁。

宋明帝

宋明帝刘彧，字休炳，南北朝时期宋朝的第七位皇帝。宋文帝第十一子，曾被封为淮阳王、湘东王。他还是宋前废帝刘子业的叔父，前废帝时，任南豫州刺史。

因刘彧很胖，刘子业封他为"猪王"，还让他像猪一样趴在地上吃饭，还任意殴打他。有几次刘子业要杀他，幸亏他的弟弟刘休仁求情说："这头猪还不到死的时候，等陛下过生日再杀了他取出肝肺，不是更好吗！"这样刘彧才捡回一条命。465年，刘彧派人将刘子业杀死，自立为帝，年号为"泰始"、"泰豫"。可能是曾经受过非人的折磨，即位后的他性情大变。杀死了刘子业二十多个兄弟，甚至把屡次救他性命的弟弟刘休仁也毒死了。在位期间，他奢侈无度，政治混乱，宋王朝日益衰弱。472年，病逝，终年34岁。

北魏孝文帝倾慕汉文化，为了更好地开展汉化改革，他不顾一部分鲜卑贵族的反对，下令把都城迁到汉文化的中心洛阳，促进了中原地区的民族融合。

北魏孝文帝

北魏孝文帝元宏，本姓拓跋，是北魏献文帝拓跋弘的长子，北魏第七位皇帝。

471年，5岁的拓跋宏即位，由祖母冯太后执政。490年，亲政后，对北魏王朝进行了一系列封建化的改革：他先整顿吏治，实行均田制；然后于494年迁都洛阳，全面改革鲜卑旧俗，如改鲜卑姓为汉姓，自己也改姓"元"等。这一改革使鲜卑经济、文化、政治等方面大大地发展，史称"孝文帝中兴"。

495年，孝文帝以齐明帝萧鸾篡夺政权为借口，亲率大军南伐。499年，死于军中，在位29年，享年33岁。孝文帝以后，北魏朝政日益腐败，仅仅40年，北魏王朝就灭亡了。

北齐文宣帝

北齐文宣帝高洋，字子进，北齐开国皇帝，在位10年。他是东魏权臣高欢的次子。

高洋其貌不扬，平时沉默寡言，但却聪明过人。549年，他的哥哥高澄去世后，高洋便牢牢掌握了东魏政权，当上了丞相，并被封为"齐王"。550年，他废掉了孝静帝，自立为帝，国号齐，建都邺，史称北齐。

高洋在位初期，整顿吏治，发展生产，加强军备，使北齐在很短的时间强盛起来。高洋便出兵进攻柔然、契丹、高句丽等国，都大获全胜。北齐一度成为与陈、西魏鼎立的三个国家中最富庶的。可是，他很快就腐败了起来，整日不理朝政，沉湎于酒色之中。而且奢侈至极，在都城修建了三个十分豪华的宫殿。腐化的生活缩短了他的寿命，559年，高洋去世，年仅31岁。高洋死后，北齐统治阶级内部愈来愈混乱，最终为北周所灭。

北周武帝

北周武帝宇文邕，北周第三个皇帝。他是宇文泰的第四子。

560年，时为鲁国公的宇文邕在权臣宇文护的拥立下当上了皇帝，但他却没有实权，是个傀儡皇帝。572年，宇文邕杀死了宇文护，亲自掌握了朝政。

掌权后的宇文邕励精图治，对国家进行了一系列改革，如573年，他确定了以儒教为第一，道教第二，佛教排最后。574年，禁佛、道二教，勒令沙门、道士还俗；他还大力发展经济，鼓励生产，减轻赋役等等，这些改革使得北周国力逐渐增强，577年，灭掉了北齐，使北方再度统一。

灭北齐后，578年，宇文邕打算率军攻打突厥，但病死于途中。

∷高洋纵酒滥杀

北齐文宣帝高洋统治后期，饮酒无度，他喜怒无常，以杀人取乐。满朝大臣人心惶惶，不知何时会成为刀下之鬼，只好从死囚牢里抓几个犯人供皇帝取乐。

陈武帝

陈武帝陈霸先，字兴国，南朝陈的开国皇帝。

陈霸先原是南朝梁名将。他因平叛李贲之乱，官至振远将军、直阁将军，封号为"新安子"。侯景之乱爆发后，他于552年，率军大败侯景，因功授予征虏将军、扬州刺史等职。

知识加油站：《玉树后庭花》

《玉树后庭花》是陈叔宝为爱妃张丽华作的艳词："丽宇芳林对高阁，新装艳质本倾城；映户凝娇乍不进，出帷含态笑相迎。妖姬脸似花含露，玉树流光照后庭；花开花落不长久，落红满地归寂中！"陈后主的好日子就像这玉树后庭花一样短暂，《玉树后庭花》遂被称为"亡国之音"。

554年，梁元帝被杀。555年，王僧辩叛变，拥立北齐扶植的萧渊明为梁帝，陈霸先于是杀死了王僧辩，立晋安王萧方智为帝，即梁敬帝。后来又击退北齐的南下侵略，铲平了王僧辩余党的反抗，他因此被晋封为陈王。

557年，梁敬帝禅位，陈霸先代梁称帝建立陈朝。559年，去世。

陈后主

陈后主陈叔宝，字元秀，南朝陈最后一位皇帝。

582年，陈宣帝死，太子陈叔宝继位。在他统治时，陈朝政治日趋腐败。他每天

:: 陈后主《玉树后庭花》

陈后主经常召集文人雅士赋诗填词，他为宠妃张丽华创作了《玉树后庭花》之后，令乐师谱曲，并由宫女来演唱。

荒于酒色，与爱妃张丽华歌舞享乐，写作艳诗。他又大建宫室，滥施刑罚，对于一衣带水的强大隋朝一点也不做防备。588年，隋朝以杨广为元帅，率51万大兵南下。陈叔宝以长江天险为依靠，对于隋朝的进兵不以为意。589年，隋军攻入建康，陈后主与张丽华躲入井中被俘，陈朝灭亡。604年，陈叔宝死于洛阳，享年52岁，在位7年。

那时的生活情境

南北朝时期的佛教

南北朝时期，佛教由于受到各个帝王的支持拥护，得到了空前的发展。刘宋文帝曾请慧琳参与国政，武帝则时时问法于求那跋陀罗。而后齐文宣王萧子良广召高僧，精研佛理，并撰述著书。527年，梁武帝亲自讲经说法，更使南朝佛教达于鼎盛，他曾率二万多人舍道归佛，又大力倡导建寺院、铸佛像，甚至四次出家当和尚，为历代帝王中笃信佛法第一人。

而北朝诸帝，除北魏太武帝和北周武帝短暂的反佛外，其余的皇帝都护持佛教。龙门、麦积山石窟等相继开凿，是北朝重视佛教发展的有利表现。

佛教在南北朝时期的发展达到了巅峰，寺院僧尼急遽增多。据记载，北魏全境有僧尼二百余万人，寺院三万余所，仅洛阳一地就有将近一千四百所。佛教译经更为隆盛，佛教学派纷纷成立，脱离了以前依附儒、道的情况。

新课标考点点睛

此时，社会动荡不安，为了摆脱现实苦难，人们纷纷信仰佛教，统治者也大力扶持，佛教在此时非常盛行。

北魏与北周的两次灭佛运动

佛教发展和寺院的增多使土地大量兼并、户口隐瞒。这对封建国家的赋税征收和徭役征发都很不利，封建国家与寺院之间的矛盾日益尖锐。北魏太武帝拓跋焘、北周武帝宇文邕都曾下令焚经毁像，逼迫僧人还俗，这是对佛教的两次沉重打击。

北魏太武帝灭佛：从444年开始，到其去世，灭佛时间共6年。太武帝因受道士寇谦之等的影响，转奉道教。与此同时，开始抑制佛教的发展，勒令50岁以下的和尚还俗，并毁坏了大量寺院经像。

北周武帝灭佛：从574年开始，到其去世，灭佛时间共5年。大量和尚被迫还俗，北方寺院和佛像几乎灭绝。

知识加油站：三武灭佛

三武灭佛又称为"三武之祸"，指的是北魏太武帝灭佛、北周武帝灭佛、唐武宗灭佛这三次事件的合称。这些在位者的谥号或庙号都带有个武字，在佛教史中称为"三武"之厄。这之后一百多年，即955年，五代时期的后周世宗又下令灭佛，史上将这四次大规模灭佛运动称为"三武一宗灭佛"。

北魏大多数皇帝笃信佛教，在他们的支持下，信佛的贵族、富户纷纷出资开凿石窟。山西大同与河南洛阳曾为北魏都城，位于这两地的云冈石窟和龙门石窟是北魏时期最具代表性的石窟艺术宝库。

直到宣帝、静帝先后继位后，佛教才又逐渐恢复发展。

这两次灭佛运动被称为中国佛教史上的二次"法难"，因此后世流传的北魏太武帝和北周武帝时期的金、铜佛像极少。

北魏的石窟艺术

南北朝时期的石窟艺术是雕塑艺术的杰出代表。我国的石窟寺的开凿随着佛教传布的方向也由西而东、由北而南。最早的石窟寺开凿于新疆，以拜城县克孜尔石窟为代表，现存洞窟236个，始凿于前秦。此外，甘肃还有北魏期间开凿的麦积山石窟等。

东方最早的石窟是山西大同武周山的云冈石窟，始凿于北魏文成帝之时。距今已有一千五百年的历史。云冈石窟历史久远，规模宏大，内容丰富，雕刻精细，被誉为中国美术史上的奇迹。494年，北魏孝文帝迁都洛阳后，又开始在洛阳城南的龙门凿窟造像。每座石窟寺都是一座巨大的艺术宝库，云冈石窟和龙门石窟，在世界艺术史上都占有极为重要的地位。

新课标考点点睛

为了宣传佛教，北朝的统治者令人在很多地方劈山削崖，开凿石窟，雕凿佛像，创造了辉煌的石窟艺术。其中以山西大同的云冈石窟和河南洛阳的龙门石窟最为著名。

范缜的无神论思想

南朝时期佛教盛行，范缜发展了魏晋以来的无神论思想，对佛教进行了批判。

范缜，生活在齐梁时期。当时因梁武帝崇尚佛教，

:: 有神无神的辩论

范缜认为，人有高低贵贱的差别，就像树上的花朵落在不同的地方，落在厅堂则富贵，落在粪坑则贫贱，结果完全是偶然的，而非前世注定。

因此举国上下都信佛。为了批驳佛教灵魂不死的观点，范缜于507年写了《神灭论》，论证"形与神"的关系问题。他用刀与利的关系比喻形与神的关系，指明了精神对物质的依赖性，这在当时的唯物主义理论上是一大进步，有力地批判了精神不灭的思想。

《神灭论》激怒了统治阶级。竟陵王萧子良等发动僧侣、文士与范缜辩论，范缜与其发生了激烈争论，范缜很明确地说明了人生富贵、贫贱的偶然性，反对佛教的因果报应学说，维护了"神灭论"的光辉。

知识加油站：不卖"论"取官的范缜

范缜《神灭论》一出，就在朝野上下引起轩然大波，很多人与范缜辩论，但都驳不倒他。萧子良于是便派一个叫王融的人去做说客，企图用功名利禄来打动范缜。他说："只要你放弃自己的主张，还怕当不了中书郎这样的高官吗？"范缜大笑说："如果我出卖自己的神灭论主张去取官，宰相都做到了，岂止是一个小小的中书郎呢！"

南北朝民歌

南北朝时期的民歌出了许多传世之作。由于南北对立的状态，民歌的发展也就带有地区特点。南朝民歌的风格清丽缠绵，对人民真挚纯洁的爱情生活反映较多；而粗犷豪放则是北方民歌的风格，广泛

花木兰代父从军

《木兰诗》讲述了北魏太武帝征讨柔然期间，一个叫木兰的女子代父从军的故事。木兰勇敢而孝顺，得胜归来后不图功名，只求回家侍奉父母。

地反映了北方社会生活的动乱不安和人民的生活风习。

南方的民歌有吴歌和西曲之分。吴歌为建康一带的民歌，西曲为郢、荆、樊、邓一带的民歌。南朝民歌的最高成就的代表是抒情长诗《西洲曲》。

北曲包括了北方少数民族如鲜卑、吐谷浑等族的民歌，汉族也有不少优秀之作。多以反映社会情况、北国风光为主要内容。其中著名的有《敕勒歌》和叙事长诗《木兰诗》。《敕勒歌》原为一首鲜卑语诗歌。在高欢为西魏击败时，曾命敕勒族人斛律金唱此歌以激励士气，高欢也同时合唱。《木兰诗》则质朴刚健，内容宽泛，形式也更为自由。

知识加油站：乐府双璧

在我国文学史上，北朝民歌《木兰诗》与南朝的《孔雀东南飞》被合称为"乐府双璧"。《木兰诗》讲述了一个叫木兰的女孩，女扮男装，替父从军，在战场上建立功勋，回朝后不愿做官，但求回家团聚的故事。《孔雀东南飞》则讲述了刘兰芝和焦仲卿的悲剧爱情故事，寄托了人民群众对爱情、婚姻自由的热烈向往。

《文心雕龙》

《文心雕龙》是南朝齐、梁时人刘勰所著，约成书于502年。

《文心雕龙》是一部文学理论专著，全书共10卷50篇，包括总论、文体论、创作论、批评论和总序等五部分。其中总论5篇，总体论述了文学理论基础；文体论20篇，每篇都介绍了几种文体；创作论19篇，论述了作家风格、写作技巧等；批评论5篇，从不同角度对过去时代的文风及作家的成就提出批评，是全书精彩部分；最后一篇《序志》是全书的总序，说明了此书的创作目的。

此书总结了齐、梁以前的文学发展状况，把文艺理论和文艺批评推向了一个新的阶段，它是我国古代文学批评史上的光辉著作。

《世说新语》

《世说新语》是南朝宋时期的一部笔记小说，由刘义庆组织一批文人编写的。《世说新语》原名叫《世说》，因汉代刘向曾著有《世说》，后人为了将此书与刘向所著的相区别，因此称其为《世说新书》，大约在宋代以后又改为今名。

全书依内容可分为"德行"、"言语"、"政事"、"文学"等36类，共有一千多个故事。其内容主要是记载

:: 我见犹怜

《世说新语·贤媛》记载，桓温灭成汉后，纳成汉皇帝李势之女为妾。妻子南康公主十分嫉妒，想杀掉李氏。然而李氏神色淡定，言辞凄婉，使南康公主心生爱怜。这就是"我见犹怜"的典故。

东汉后期到晋宋间一些名士的遗闻逸事。书中所载均属历史上实有的人物，但他们的言论或故事则有一部分出于传闻，不尽符合史实。此书所记个别事实虽然不尽确切，但反映了门阀世族的思想风貌，保存了社会、政治、文学等方面史料，价值很高。

🔍 南北朝时期的科学技术

南北朝时期，数学、农学、地理学和历法等科学技术，都取得了很大的成果。

数学上，南朝祖冲之精确地算出圆周率是在3.1415926至3.1415927之间，这个成果比国外早近一千年。他还著有《缀术》等书，对数学的发展作出了巨大贡献。此外，他还编制了《大明历》，规定一年为365.2428天，当时是世界上最为准确的历法。

农学上，北魏的农学家贾思勰取得了重大成就。他撰写的《齐民要术》一书，系统地总结了6世纪以前黄河中下游地区农牧业生产经验和技术等，是我国古代的一部很有价值的农业科学著作。

地理学上，北魏地理学家郦道元的《水经注》，全面而系统地介绍了水道所流经地区的自然地理和经济地理等诸方面内容，是一部历史、地理、文学价值都很高的综合性地理著作。

新课标考点点睛

贾思勰写的《齐民要术》介绍了生产技术，强调农作物必须因地种植，不误农时。此书是我国现存的第一部完整的农业科学著作。郦道元写的《水经注》是一部综合性的地理学专注，详细介绍了江河流经地区的山川城镇、地形物产等。

找不同，开始啦！

小朋友们，睁大眼睛仔细观察一下，左右两幅图有哪几处不同之处？

小朋友，你一共找到几处不同之处？想知道答案吗？打开本书第27页你就可以看到答案了。你还记得这幅图讲的是什么故事吗？将这幅画的故事讲给你的小伙伴们吧。

（答案在本书第27页）

沈晨 2013

图书在版编目（ＣＩＰ）数据

三兄弟桃园结义 / 沈晨编著. -- 沈阳：万卷出版
公司，2013.9
　（精灵鼠小书屋. 写给少年的中国历史）
　ISBN 978-7-5470-2848-3

　Ⅰ．①三… Ⅱ．①沈… Ⅲ．①中国历史－三国时代－
少儿读物 Ⅳ．①K236.09

　中国版本图书馆CIP数据核字(2013)第220069号

项目创意/设计制作/悦读坊 Reading house

三兄弟桃园结义

编　　著：沈晨
责任编辑：杨博鹏
插画绘制：北京邢旻天域美术设计工作室
出 版 者：北方联合出版传媒（集团）股份有限公司
　　　　　万卷出版公司
联系电话：024-23284090　010-88332248
电子信箱：200514509@qq.com
经　　销：各地新华书店发行
印　　刷：三河市兴国印务有限公司
版　　次：2013年9月第1版
印　　次：2013年9月第1次印刷
印　　张：8
开　　本：170mm×235mm　　1/16
字　　数：150千字
书　　号：978-7-5470-2848-3
定　　价：**29.80元**

写给少年的中国历史

三皇五帝（史前）·家天下（夏·商·周）

第一个皇帝（秦）·独尊儒术（两汉）

三兄弟桃园结义（三国·两晋·南北朝）

奢靡无度（隋）·空前盛世（唐）

黄袍加身（宋）·马背上的征服者（辽·西夏·金·元）

当过和尚的皇帝（明）·大长辫子（清）

历史里，有最生动的做人原则和做事规则
它可以用自己最形象的方式讲述给孩子们。